소선지서 강해설교

학개

———

그리스도인의 우선순위

소선지서 강해설교

학개

그리스도인의 우선순위

김서택 지음

홍성사

무엇이 우선인가?

얼마 전 신문에는 서울 특정 지역의 아파트 가격이 많이 오르는 이유가 학군 때문이라는 기사가 실렸습니다. 서울 강남은 부유한 사람들이 많이 살 뿐 아니라 학군도 가장 좋은 것으로 알려진 지역입니다.

요즘 교인들이 가장 우선적으로 선택하는 것은 집인 듯합니다. 그리고 교회는 가장 나중에 결정하는 것처럼 보입니다. 그러나 우리에게 가장 중요한 일은 내 영혼의 양식을 공급받을 교회를 선택하는 것입니다. 이스라엘 백성들이 출애굽한 후, 집도 없고 양식도 없는 광야에서 40년 동안이나 살아남을 수 있었던 것은 더 중요한 것을 붙잡았기 때문입니다. 즉, 하나님의 말씀을 붙잡았기 때문인 것입니다.

바벨론 포로생활에서 돌아온 유다 백성들은 우선순위를 잘못 설정했습니다. 그들은 성전 재건은 뒤로 한 채 자기 집을 짓고 자기 농사를 짓는 데 몰두했습니다. 그러자 하나님의 축복이 임하지 않았습니다. 학개서는 그 잘못된 우선순위를 바로잡는 내용으로 되어 있습니다. 우리는 하나님 앞에서 가장 중요한 것을 먼저 붙들어야 합니다. 그래야 나머지 문제들도 쉽게 해결될 수 있습니다.

　이 부족한 설교를 좀더 많은 성도들과 나눌 수 있도록 책으로 출판해 주신 홍성사 여러분들에게 진심으로 감사드립니다.

2004년 3월
대구 수성교 옆에서
김서택

차 례

■일러두기
1. 이 책은 2001년 11월부터 12월까지 대구 동부교회에서 설교한 내용을 정리한 것입니다.
2. 본문에 인용된 성경구절의 문장부호는 *New International Version*을 참고로, 편집자가 첨부한 것입니다.

1

성전 건축을 게을리한 백성들

학개 1:1-6

1:1 다리오 왕 2년 6월, 곧 그달 초하루에 여호와의 말씀이 선지자 학개로 말미암아 스알디엘의 아들 유다 총독 스룹바벨과 여호사닥의 아들 대제사장 여호수아에게 임하니라. 가라사대

2 "만군의 여호와가 말하여 이르노라. 이 백성이 말하기를 '여호와의 전을 건축할 시기가 이르지 아니하였다' 하느니라."

3 여호와의 말씀이 선지자 학개에게 임하여 가라사대

4 "이 전이 황무하였거늘 너희가 이때에 판벽한 집에 거하는 것이 가하냐?

5 그러므로 이제 나 만군의 여호와가 말하노니 너희는 자기의 소위를 살펴볼지니라.

6 너희가 많이 뿌릴지라도 수입이 적으며 먹을지라도 배부르지 못하며 마실지라도 흡족하지 못하며 입어도 따뜻하지 못하며 일꾼이 삯을 받아도 그것을 구멍 뚫어진 전대에 넣음이 되느니라."

1:1-6

한 젊은이가 부모의 유산과 자신의 퇴직금을 다 털어서 양계장을 시작했습니다. 그런데 불과 얼마 지나지 않아 큰 홍수가 나는 바람에, 그의 모든 미래가 걸려 있는 양계장은 순식간에 흙탕물로 뒤덮이고 닭들도 전부 진흙투성이가 되어 죽어 버렸습니다. 비가 그친 후, 양계장 안은 진흙이 무릎까지 차올라서 도대체 어디서부터 손을 써야 할지 모를 상태가 되었습니다. 그러나 젊은이는 망연자실하게 있지 않았습니다. 그는 이 상황에서 자신이 우선적으로 해야 할 일이 무엇인지 생각했습니다. 일단 진흙을 치우고 죽어 있는 몇천 마리 닭들을 묻어야 했습니다. 그것부터 하지 않으면 다른 어떤 일도 할 수 없었습니다. 그래서 군인들의 도움을 받아 진흙을 치우고 죽은 닭들을 파묻는 일부터 시작했습니다.

　이사를 갈 때에도 가장 먼저 해야 할 일이 있습니다. 예를 들어 도배를 하고 장판을 까는 것은 기본적인 일에 속합니다. 그 일부터 하지 않으면 짐을 풀 수가 없습니다.

지금까지 우리가 살펴본 소선지서들은 이스라엘 백성들과 유다 백성들이 포로로 잡혀 가기 전에 주신 말씀입니다. 호세아서와 아모스서는 이스라엘 백성들에게 주신 말씀이었고, 나머지 소선지서들은 대부분 유다 백성들에게 주신 말씀이었습니다. 선지자들의 예언대로 이스라엘도 망하고 유다도 망했습니다. 우리가 오늘부터 살펴보려 하는 학개서는 바벨론에 포로로 잡혀 간 지 70년이 지난 후, 예루살렘으로 돌아온 소수의 유다 백성들에게 주신 말씀입니다.

70년간의 포로생활을 마친 후 희망을 가지고 예루살렘에 돌아온 유다 백성들이 발견한 것은 거대한 폐허 더미였습니다. 그 폐허 더미에서는 아무것도 건질 수 없었을 뿐 아니라, 그 폐허 더미 자체를 치우는 일조차 쉽지 않았습니다. 백성들은 도대체 무슨 일부터 시작해야 할지 알 수가 없었습니다. 물론 처음에는 성전부터 건축하려고 했습니다. 그러나 그 일이 사마리아인들의 방해공작으로 중단되면서, 백성들은 점차 자기 생활에 빠지기 시작했습니다. 각자 자기 집을 짓고 자기 농사를 짓는 데 빠져서 성전 짓는 일은 까마득히 잊어버리고 말았습니다.

하나님께서는 오늘 본문에서 유다의 두 지도자인 총독 스룹바벨과 대제사장 여호수아를 책망하고 계십니다. "도대체 지금 너희가 하고 있는 일이 무엇이냐? 너희에게 가장 중요한 성전은 폐허로 내버려 둔 채, 도대체 무엇을 하고 있는 것이냐?"라고 책망하고 계십니다.

성전을 건축하지 않은 그들의 삶은 정리가 되지 않은 집처럼 제대로 된 곳이 한 군데도 없었습니다. 마치 청소도 하지 않고 도배도 하지 않은 채 짐부터 풀어 놓은 것과 같았습니다. 그들은 가장 중요하고 기본적인 일은 미루어 둔 채 덜 중요한 일들을 먼저 붙들었습니다.

바벨론에서 돌아온 유다 백성들

바벨론 포로생활을 마치고 돌아온 유다 백성들이 가장 먼저 한 일이 무엇입니까? "다리오 왕 2년 6월, 곧 그달 초하루에 여호와의 말씀이 선지자 학개로 말미암아 스알디엘의 아들 유다 총독 스룹바벨과 여호사닥의 아들 대제사장 여호수아에게 임하니라. 가라사대 '만군의 여호와가 말하여 이르노라. 이 백성이 말하기를 여호와의 전을 건축할 시기가 이르지 아니하였다 하느니라'"(1:1-2).

하나님께서는 유다의 두 지도자 스룹바벨과 여호수아를 책망하고 계십니다. 왜냐하면 그들이야말로 유다 백성들의 영적인 상태를 민감하게 살펴보고 진단하여 바른 방향으로 인도해야 할 책임이 있는 자들이었기 때문입니다.

지금 유다 백성들에게 나타나고 있는 표면적인 증세가 무엇입니까? 도대체 삶에 기쁨과 만족이 없다는 것입니다. 그들은 씨를 뿌렸지만 열매를 거두지 못했고, 음식을 먹었지만 배부르지 않았으며, 옷을 입었지만 따뜻하지 않았습니다. 지금 선지자는 이런 증세에 대해 진단을 내리고 있습니다.

유다 백성들은 파사, 즉 페르시아 왕 고레스의 칙령에 의해 기적적으로 포로생활에서 벗어나 예루살렘으로 돌아왔습니다. 그러나 전원이 돌아온 것은 아니었습니다. 바벨론에 적응해서 잘살고 있는 사람들은 남아 있었고, 소수의 사람들만 돌아왔습니다. 그러나 꿈에도 그리던 예루살렘에서 그들이 발견한 것은 거대한 쓰레기 더미였습니다. 거기에는 성도 없었고, 집도 없었고, 농사지을 밭도 없었습니다. 그들은 아무것도 없는 폐허에서 새롭게 시작해야 했습니다. 이런 상태에서 도대체 무슨 일을 먼저 해야 하겠습니까?

처음 바벨론을 떠나올 때에는 옛 예루살렘의 화려한 영광을 재현해 보겠다는 소망이 있었습니다. 그러나 막상 예루살렘에 도착해서 눈앞의 현실을 보니 그것은 너무나도 힘에 벅찬 일이었습니다. 그래서 생각한 것이 무엇입니까? '아직은 성전을 짓고 예루살렘 성을 재건할 때가 아닌 것 같다. 일단은 우리부터 살고 보자'는 것입니다. 그래서 저마다 자기 집을 짓고 자기 농사를 짓고 자기 자녀를 키우는 일에 몰두하게 되었습니다.

하나님께서는 지금 유다 백성들을 "이 백성"이라고 부르고 계십니다. 하나님께서 이들을 "내 백성"이라고 부르시지 않고 "이 백성"이라고 부르시는 데에는 이들의 생각이나 결정을 못마땅하게 여기신다는 뜻이 담겨 있습니다. 하나님께서는 이들의 상황이 아무리 힘들어도 성전부터 재건하기를 바라셨습니다. 아무리 산더미 같은 쓰레기가 쌓여 있어도 성전부터 짓기를 기대하셨습니다. 그런데 이들은 무려 15년 동안 성전을 방치해 두고 있었습니다.

이렇게 오랫동안 성전을 방치해 둔 이유가 무엇이었을까요? 표면적인 이유는 사마리아인들의 방해공작에 있었습니다. 사마리아인들은 북쪽에 남아 있던 이스라엘 자손들과 이방인들이 섞인 혼혈민족으로서, 자신들도 성전 재건에 동참하겠다고 나섰습니다. 그러나 유다 백성들은 그들의 잘못된 사상이 유입될 것을 염려하여 그 제안을 거절했고, 그들은 페르시아 왕에게 유다 백성들을 모함하는 글을 올렸습니다. 고레스 이후에 왕위에 오른 아닥사스다는 결국 그들의 모함을 받아들여 성전 건축을 금지하는 조서를 내렸으며, 성전 건축은 다리오 왕 2년까지 중단되었습니다.

이처럼 유다 백성들이 성전을 짓지 못한 것은 자의적인 선택 때문이 아니라 불가피한 외부사정 때문이었습니다. 그런데도 하나님께서 유다 백성들을 "이 백성"이라고 부르면서 심하게 책망하시는 이유가 무엇입니까? 그들의 중심을 보셨기 때문입니다. 그들은 그렇지 않아도 성전을 짓기 싫었던 터에 왕의 조서가 내려오니까, "잘됐다!" 하면서 성전 건축을 팽개치고 자기들의 생활로 달려가 버렸습니다.

4절을 보십시오. "이 전이 황무하였거늘 너희가 이때에 판벽한 집에 거하는 것이 가하냐?"

"판벽한 집"은 두 가지로 해석할 수 있습니다. 한 가지는 '화려한 집'이라는 뜻으로 보는 것입니다. 지금은 건물 내부 장식이 워낙 발달해 있기 때문에 나무판자로 벽을 세우는 것이 그리 좋아 보이지 않을지 몰라도, 그 당시 포로생활에서 갓 돌아온 자들이 이런 집을 짓고 산다는 것은 아주 대단한 일이었습니다.

또 한 가지 해석은 내부를 화려하게 꾸민 집이라기보다는 벽을 나무판자로 완벽하게 막아서 세운 집, 즉 가건물이 아닌 '완성된 집'이라는 뜻으로 보는 것입니다. 제가 보기에는 이 해석이 좀더 자연스러운 것 같습니다. 다시 말해서 "하나님의 성전이 이렇게 버려져 있는데, 어떻게 너희 집부터 이렇게 완성시켜 놓고 살 수가 있느냐? 가장 중요한 성전이 미완성 상태로 있다면, 너희 집들도 당연히 가건물 상태로 두고 어떻게 해서든지 성전부터 완성하려는 의지를 보였어야 하는 것이 아니냐? 어떻게 왕의 조서가 내려오기가 무섭게 성전을 내팽개치고 너희 집들만 완성해서 편하게 살려고 하느냐?"는 것입니다.

하나님께서 유다 백성들에게 요구하시는 것이 무엇입니까? 성전을 삶의 가장 앞자리에 두라는 것입니다. 성전이 제대로 세워지지 않았다면 다른 일들도 제대로 할 수 없어야 정상이라는 것입니다. 청소나 도배도 하지 않고 짐부터 풀어 놓으면 집이 제대로 정리되겠습니까? 짐 푸는 일은 좀 미루더라도 우선적으로 중요한 일부터 해 놓아야 생활이 하루빨리 안정될 것입니다. 아무리 아닥사스다 왕의 명령 때문에 성전을 못 짓게 되었더라도 '우리들의 집은 성전을 짓고 난 뒤에 짓겠다. 그때까지는 기꺼이 가건물에서 살겠다'는 마음을 가져야지, 왕의 명령이 내려왔다고 해서 자기들 집부터 완성해 놓고 편안하게 살려 하는 것은 우선순위가 잘못된 것입니다.

성전 건축을 중단한 또 다른 이유

유다 백성들은 사마리아인들의 방해로 성전 건축을 중단했습니다. 그런데 우리에게 떠오르는 의문은 '이것이 과연 이들이 성전 재건을 등한시한 유일한 이유겠느냐?'는 것입니다. 우리는 이들이 예루살렘으로 돌아온 정황을 살펴봄으로써 또 다른 이유를 짐작해 볼 수 있습니다.

고레스 왕의 칙령으로 예루살렘으로 돌아온 유다 백성의 수는 노예까지 합쳐서 대략 5만 명 정도였습니다. 이것은 온전한 해방이나 약속의 성취로 보기에는 너무나 적은 숫자였습니다. 출애굽 때는 남자 어른의 수만 60만 명이었습니다. 여자와 아이들까지 합하면 200만 명이 넘는 대군이었어요. 게다가 그때는 홍해가 갈라지고 요단 강이 갈라지는 큰 기적도 일어났습니다. 그런데 과연 5만 명 정도 돌아온 것을 가지고 해방이라고 할 수 있으며 나라의 회복이라고 할 수 있겠습니까? 아마도 그들은 적잖은 실망감을 느꼈을 것입니다. '무언가 이상하다. 온전한 해방이 되려면 적어도 출애굽 때 정도의 인원은 되어야 하는 것이 아닐까? 그때 일어났던 것과 같은 정도의 기적과 능력은 나타나야 하는 것이 아닐까? 아무래도 하나님께서 약속하신 해방의 때가 아직 이르지 않은 것 같다. 그러니 지금 우리의 미약한 힘으로 볼품없는 성전을 지으려 할 것이 아니라 하나님의 때를 더 기다리는 게 좋겠다'는 것이 그들의 생각이었습니다.

그들에게는 다윗처럼 성전 건축에 필요한 엄청난 재료들을 준비해 줄 왕도 없었고, 솔로몬처럼 큰 역사를 일으킬 만한 지도자도 없었으며, 그만한 일을 수행할 인구도 없었습니다. 5만 명 정도로 이 일을 하려 들다가는 쓰레기만 치우다가 시간을 다 보낼 것입니다. 그래서 아직 하나님의 때가 이르지 않았다고 판단해 버린 것입니다.

어떤 의미에서 그것은 사실이기도 했습니다. 바벨론 포로생활에서 돌아온 것은 완전한 이스라엘의 회복이 아니었습니다. 그들은 새 시대를 준비하기 위해 보냄받은 사람들이었지, 구약 이스라엘을 회복하기 위해 보냄받은 사람들이 아니었습니다. 그러나 그들은 자기들이 해야 할 일에 대해서는 생각조차 해 보지 않고, 오히려 왕의 명령이 떨어지기가 무섭게 자기들의 생활로 달려가 버렸습니다.

이처럼 성전 건축이 중단된 이면에는 쓰레기가 너무 많았다든지, 돈이나 사람이 없었다든지, 외부의 방해와 압력이 있었다든지

하는 물리적인 이유 외에 신학적인 이유가 있었습니다. 즉, 그들은 '우리가 돌아온 것이 과연 온전한 회복이냐? 만약 온전한 회복이 아니라면 이런 상태에서 성전을 짓는 것이 무슨 소용이 있느냐?' 라는 문제를 신학적으로 해결하지 못했던 것입니다. 유다 백성들은 예전과 같은 규모의 성전을 지어야만 제대로 된 성전을 짓는 것이라고 생각했습니다. 하나님의 나라가 온전히 회복된 후에 예전처럼 거대한 성전을 지어야 제대로 짓는 것이지, 몇 명 되지도 않는 사람들이 초라한 성전을 지어 봐야 하나님을 욕되게 하는 결과밖에 되지 않는다는 패배의식이 그들을 지배하고 있었습니다.

그러나 하나님께서 유다 백성들을 바벨론에서 돌아오게 하신 것은 구약 이스라엘을 재건하기 위해서가 아니었습니다. 하나님께서는 새로운 성령의 시대를 여시고 전 세계적인 교회를 세우기 원하셨습니다. 따라서 그들은 솔로몬의 성전을 재건하려 할 것이 아니라 하나님이 보내시는 성령을 받을 일종의 봉화대를 만들어야 했습니다. 즉, 예루살렘 성전에 임하실 성령이 온 땅으로 퍼져 나갈 수 있는 터전을 준비해야 했던 것입니다.

우리는 여기에서 신학이 얼마나 중요한지 알 수 있습니다. 돈이 없고 사람이 모자라고 환경적인 어려움이 산적해 있어도 신학만 분명하고 성경적인 안목만 있으면 낙심하지 않고 얼마든지 일을 해 나갈 수 있습니다. 그런데 자꾸 옛 이스라엘로 돌아갈 생각만 하니까 "돈도 없다. 사람도 없다. 재료도 없다. 리더십도 없다. 사마리아인들은 방해하고, 아닥사스다 왕은 짓지 말라고 한다"면서 15년 동안이나 주저앉게 되는 것입니다.

유다 백성들이 바벨론에 포로 되어 갔을 때, 하나님의 나라로서의 이스라엘은 이미 끝이 났습니다. 이제 도래할 나라는 옛 이스라엘이 아니라 그리스도가 새롭게 세우시는 성령의 나라입니다. 하나님께서 학개 선지자를 통해 재건하라고 말씀하신 성전은 물리적인 건물이 아니었습니다. 이런 쓰레기 더미 가운데서도 하나님 제일주의로 사는 공동체, 기도하면서 성령의 역사를 기다리는 공동체와 예배를 재건하라는 뜻이었지, 큰 건물을 지으라는 뜻이 아니었습니다.

사실 새로 지을 성전에는 법궤도 없었습니다. 예루살렘 성전이 무너질 때 없어져 버렸기 때문입니다. 법궤가 없는 성전도 성전이라고 할 수 있습니까? 어차피 구약의 성전을 회복한다는 것은 불가능한 일입니다. 그 옛날 솔로몬과 다윗의 영광을 회복하는 것은 그들의 사명이 아니었습니다. 그들은 과도기 세대이자 새로운 시대를 준비하기 위해 먼저 보냄받은 선발대로서, 성령의 시대를 기다리는 새벽별의 역할을 해야 했습니다.

그런데 그들은 이 사실을 몰랐기 때문에 하나님의 약속에 오류가 생긴 것처럼 오해했고, 이 상태에서는 성전을 건축할 수 없다고 포기해 버렸습니다. 그리고 자기들의 집부터 완벽하게 지어서 생활을 안정시키려 했습니다. 하나님이 보실 때 그것은 메시아에 대한 희망을 포기하는 것이나 다름없는 일이었습니다.

유다 백성들에게 나타난 결과

하나님께서는 먼저 그들 자신의 행동에 대해 깊이 생각해 보라고 하십니다. "그러므로 이제 나 만군의 여호와가 말하노니 너희는 자기의 소위를 살펴볼지니라"(1:5).

하나님께서는 "지금 너희가 공사를 중단한 데에는 분명히 표면적인 이유가 있다. 그것은 나도 인정한다. 그러나 더 진정한 이유는 어디 있는지 한번 생각해 보거라. 너희가 진짜 중요하게 생각하는 것이 무엇이냐? 전 세계에 흩어져 있는 내 백성들에게 구원이 임하는 것이냐, 아니면 너희 자식 잘 키우고 농사 잘 지어서 배부르고 등 따습게 사는 것이냐? 표면적인 이유 말고 진짜 이유를 정직하게 생각해 보거라"라고 말씀하십니다.

성전 건축이 중단된 데에는 사마리아인들의 방해라는 표면적인 이유가 분명히 있었습니다. 그러나 진짜 중요한 이유는 하나님 나라에 대한 열정이 식어 버린 데 있었습니다. 그들은 성전 건축을 재개하려는 시도조차 하지 않았습니다. 일반 백성은 물론이고 스룹바벨 같은 총독이나 여호수아 같은 대제사장도 마찬가지였습니다.

그 결과, 그들에게 나타난 현상이 무엇입니까? 삶에 만족도 없고 기쁨도 없는 것이었습니다. 기울인 노력에 비해 열매가 너무 적은 것이었습니다. "너희가 많이 뿌릴지라도 수입이 적으며 먹을지라도 배부르지 못하며 마실지라도 흡족하지 못하며 입어도 따뜻하지 못하며 일꾼이 삯을 받아도 그것을 구멍 뚫어진 전대에 넣음이 되느니라"(1:6).

정상적인 사람은 음식을 먹으면 배부르고, 물을 마시면 시원하게 되어 있습니다. 옷을 입으면 따뜻하고, 돈을 벌면 지갑이 불룩해지게 되어 있어요. 그런데 아무리 먹어도 배가 부르지 않고, 아무리 돈을 벌어도 이 구멍 저 구멍으로 다 새 나가서 남는 것이 없다면, 분명히 어딘가 문제가 있는 것입니다.

여기에서 선지자가 나열하고 있는 항목들은 전부 생활에 필수적인 것들입니다. 곡식을 뿌려서 거두는 것, 먹고 마시는 것, 옷을 입는 것, 일을 해서 삯을 받는 것이 얼마나 중요한 일입니까? 그런데 그들에게 나타난 현상은, 이렇게 중요한 영역에서 노력한 만큼 돌아오는 수확이 없었다는 것입니다.

이것이 하나님의 백성들이 자기 삶에서 가장 중요한 문제를 해결하지 않고 다른 일로 달려갔을 때 나타난 결과였습니다. 하나님께서 이런 현상을 통해 말씀하시는 바가 무엇입니까? "너희 우선순위가 잘못되었다"는 것입니다. "선발대로서, 새벽별로서 너희가 얼마나 중요한 임무를 맡았는지 생각하지 않고 왜 우선순위를 저버리느냐?"는 것입니다. 그들은 이 쓰레기 더미 위에 무엇보다 먼저 하나님 제일주의의 신앙을 심어야 했습니다. 그래야 그곳에 성령이 임하실 때 그 불길이 온 땅으로 퍼져 나갈 수 있기 때문입니다.

그리스도인의 우선순위

오늘 이 말씀처럼 우리 시대에 적합한 말씀은 없는 것 같습니다. 그동안 우리나라 사람들은 잘살기 위해 너무나도 많은 노력을 기울여 왔습니다. 죽도록 공부하고 죽도록 일하면서 무섭게 살아왔습니다. 그런데 나타난 결과가 무엇입니까? 수많은 사람들이 실업자가 되고 노숙자가 되어 거리로 쫓겨난 것입니다. 젊은이들이 직장을 구하기가 하늘에 별 따기처럼 어려워진 것입니다. 우리는 수고한 만큼 열매를 얻지 못했습니다. 왜 이렇게 되었습니까?

우선순위가 잘못되었기 때문입니다. 우리는 돈만 소중하게 생각했지 영혼을 소중하게 생각하지 않았습니다. 영혼을 소중하게 생각하지 않으면 반드시 이런 결과가 나타나게 되어 있습니다. 영혼이 건강해야 하나님의 축복을 받을 수 있습니다. 영혼이 병들면 아무리 좋은 집에서 배부르게 먹어도 만족이 없을 뿐 아니라 결국에는 모든 것을 빼앗기게 되어 있습니다.

오늘 성경이 우리에게 말씀하는 것이 무엇입니까? 상황이 어려우면 어려울수록 하나님을 가장 앞자리에 모시라는 것입니다. 어떤 처지에서든지 하나님 제일주의로 살라는 것입니다. 그러면 어떻게 됩니까? 우리가 생각한 것보다 훨씬 더 큰 축복을 받게 될 뿐 아니라 시대적으로 중요한 임무를 감당하게 됩니다.

한국 교회는 아시아뿐 아니라 전 세계의 새벽별이라고 할 수 있습니다. 한국 교회에 문제가 많다고들 하지만, 그래도 아직까지는 다른 나라 교회들에 비해 뜨겁고 성경적이라고 할 수 있기 때문입니다. 그런데 문제는 지금껏 우리의 우선순위가 잘못되어 있었다는 것입니다. 우리는 하나님의 성전이야 황폐해지든 말든 자기 집 가꾸고 자기 아이들 키우는 데 온 관심을 쏟아 왔습니다. 그렇게 했을 때, 한때 누렸던 그 많은 축복이 다 어디로 가 버렸습니까? 그 많은 돈, 그 많은 공장이 다 어디로 가 버렸습니까?

어떻게 보면 지금 우리나라는 쓰레기 더미 비슷하게 변해 가고 있습니다. 많은 회사들이 문을 닫고 있고, 많은 기계들이 작동을 멈추고 있습니다. 이럴 때 우리 그리스도인들이 그저 망연자실하게 있어야겠습니까? 이 쓰레기들을 전부 치울 힘은 없다 하더라도, 이 가운데서 하나님 제일주의로 한번 살아 봐야 하지 않겠습니까? 작더라도 하나님 중심의 성전을 지어 봐야 하지 않겠습니까?

우리는 바벨론에서 돌아온 이 유다 백성들의 모습에서 우리 자신의 모습을 보게 됩니다. 우리도 가장 중요한 일은 미루어 둔 채 '어떻게 하면 잘살 수 있을까? 어떻게 하면 좋은 집에서 살 수 있을까? 어떻게 하면 인정받는 직장에서 일할 수 있을까? 어떻게 하면 좋은 경력을 쌓을 수 있을까?'에만 집중하고 있지 않습니까?

하나님께서는 "자기의 소위를 살펴볼지니라"고 말씀하십니다. 지금 내가 살고 있는 방식에 대해 깊이 생각해 보라고 말씀하십니다. 지금 나는 하나님 앞에서 온전한 삶을 살고 있으며, 진정한 만족을 느끼고 있습니까? 물론 겉으로는 여전히 신앙생활 잘하고 있을 것입니다. 그러나 마음속 깊은 곳에서는 무슨 생각을 하고 있습니까? 하나님께서는 그 이야기를 다 털어 놓아 보라고 하십니다. "저는 교회에 실망하고 목사님한테 실망해서 신앙생활 하기가 싫습니다", "저는 대학교 때 가졌던 비전을 포기했습니다. 막상 직장에 다녀보니 제 생각과 너무나 다르더군요. 그렇게 해서는 도저히 먹고살 수 없다는 것을 알았습니다", "저는 정말 순수한 마음으로 선교지에 왔는데, 막상 와 보니 제 생각과 많이 다르네요. 우리 애들 영어나 확실하게 가르치는 것으로 만족할까 합니다"라고 다 털어 놓아 보라는 것입니다.

오늘 우리에게 가장 힘들고 어려운 일은 말씀이 있는 신실한 공동체를 세우는 것입니다. 그것이야말로 우리가 재건해야 할 성전입니다. 우리는 화려한 건물을 지을 필요가 없습니다. 물론 건물도 중요하지 않은 것은 아닙니다. 마음껏 모여서 예배드릴 수 있고 성경공부도 할 수 있는 장소가 필요하기 때문입니다. 그러나 그보다 더 중요한 일은 말씀을 붙드는 정직하고 신실한 공동체를 세우는 것입니다.

우리는 두 가지 숙제를 안고 있습니다. 한 가지는 성경을 바로 해석하여 생활에 적용하는 것입니다. 그리고 또 한 가지는 말씀을 담는 그릇으로서 신실한 공동체를 회복하는 것입니다.

성경을 바로 해석하는 것은 아주 어려운 일입니다. 성경을 바로 해석하는 것은 마치 큰 산에 깊이 파묻힌 보석을 캐내는 일과 같습니다. 그 보석을 캐내려면 성경에 완전히 헌신해야 됩니다. 유명해지는 길, 인기 끄는 길 다 포기하고 성경만 붙들고 몸부림을 쳐야 한두 조각 겨우 캐낼 수가 있습니다. 이것은 혼자 해서 될 일이 아닙니다. 말씀을 듣기 위해 다 함께 모여야 합니다. 그래서 처음에는 적용도 잘 되지 않는 설교 듣고 설사도 하고 배탈도 나고 토하기도 하면서 함께 몸부림을 치다 보면, 조금씩 빛나는 보석 조각들을 캐낼 수 있습니다. 사실 사람들은 재미있는 것, 새로운 것을 좋아하지, 가만히 앉아서 말씀만 듣는 것을 좋아하지 않습니다. 그래서 이 엄청난 보석을 캐내지 못합니다.

말씀을 붙드는 신실한 공동체를 세우려면 희생이 필요합니다. 하나님께서는 우리가 자기 일을 좀 제쳐 두는 한이 있더라도 이런 공동체를 형성하는 일에 헌신하기를 원하십니다. 그러나 오늘날 누가 교회 때문에 손해를 보고 희생을 하려 합니까? 사람들은 자기가 직접 이런 공동체를 만들려 하기보다는 남이 다 차려 놓은 밥상을 받고 싶어 합니다. 저마다 자기 일 하고 자기 집 장만하느라 정신없이 뛰어다니다가 주일이 돌아오면 딱 한 번 예배드리고, 그것도 예배 끝나자마자 바로 내빼 버리는 것이 우리의 현실입니다.

오늘날 한국 교회들을 보십시오. 얼마나 황폐해지고 있습니까? 얼마나 상처받고 있고, 굶고 있고, 싸우고 있습니까? 하나님께서는 "너희가 이때에 판벽한 집에 거하는 것이 가하냐?"고 물으십니다. "내 집은 폐허가 된 채 방치되어 있는데, 너희 집만 완성시켜 놓고 편하게 사는 것이 가하냐?"고 물으십니다.

요즘은 교회가 교인들의 버릇을 다 망쳐 놓았습니다. 한 명 한 명 올 때마다 칙사 대접을 하니까, 교회 오는 것 자체를 큰 선심이

나 쓰듯이 생각하는 것 같습니다. 그러나 교회에 출석한다는 것은 새로운 멍에를 메는 것입니다. 사람들과 신실한 관계를 맺기 위해 기꺼이 희생하는 것입니다.

오늘날 그리스도인들의 삶에 진정한 만족이 없는 이유가 무엇입니까? 성전이 황폐해졌기 때문입니다. 공동체에서 말씀을 듣지 못하면 세상 어디에서도 만족을 얻을 수가 없습니다. 하나님의 백성들에게 진정한 만족을 주는 것은 성령이 주시는 은혜와 기쁨뿐이기 때문입니다. 전에 만난 한 형제는 명문 대학에서 박사과정을 밟고 있는데도 만족이 없다고 했습니다. 교회에서 말씀이나 은혜를 공급받지 못한 지가 너무 오래 되다 보니 전공 공부를 할 의욕조차 생기지 않는다는 것입니다.

우물은 유대인들에게 가장 귀한 것이었습니다. 우물이 없으면 양 떼도 키울 수 없었고 농사도 지을 수 없었습니다. 그런데 우물은 가만히 앉아서 얻을 수 없었습니다. 수없이 땅을 파고 또 파도 하나 얻을 수 있을까 말까 했습니다. 오늘날 세상에 필요한 것은 돈의 우물도 아니고 지식의 우물도 아닙니다. 오늘날 세상에 필요한 것은 성령의 생수가 솟아나는 말씀의 우물입니다. 이 우물을 얻으려면 자신의 온 삶을 투자해서 파고 또 파야 합니다. 그리고 우물을 얻은 후에는 수원(水源)이 막히지 않도록 잘 관리해야 합니다. 세상에서 가장 부요한 사람은 바로 이 생수가 나오는 우물을 소유한 사람입니다.

오늘 우리가 가장 힘을 쏟아야 할 일이 무엇입니까? 새로운 시대를 준비하는 성령의 공동체를 만드는 것입니다. 말씀 속에 묻혀 있는 보석을 캐내는 일을 목적으로 삼고, 그 목적을 위해 세상의 야망이나 재미를 많이 포기하는 것입니다.

우리 삶의 가장 앞선 우선순위는 어디에 있습니까? 그것을 위해 우리는 무엇을 하고 있습니까? 처음 예수를 믿을 때에는 누구나 하나님 나라를 위해 자기 삶을 헌신하고 싶다는 생각을 할 수 있습니다. 그러나 막상 현실에 부딪쳐 보면 하나님 나라라는 것 자체가 너무 막연하게 느껴질 뿐 아니라 자기 혼자 애쓴다고 될 일도 아닌 것처럼 보입니다. 그래서 결국 교회는 뒷전으로 미루어 놓은 채 자기 집 일이나 자기 아이를 키우는 일에 전적으로 매달리게 됩니다. 그 결과가 무엇입니까? 영혼의 진정한 만족이 사라져 버리는 것입니다. 무엇을 해도 기쁨을 느끼지 못하는 것입니다.

　진정한 만족을 얻으려면 하나님을 우리 안에 모셔야 합니다. 그런데 그렇게 하려면 무언가 희생하고 대가를 지불하는 부분이 있어야 합니다. 예를 들어 집에 어른을 모시고 산다고 생각해 보십시오. 그러려면 아무래도 무언가 조심해야 하고 희생해야 합니다. 어른이 계실 방도 마련해야 하고 음식도 신경 써서 마련해야 하며 행동도 함부로 할 수 없습니다. 화가 나도 큰 소리로 싸우면 안 돼요. 마찬가지로 하나님을 우리 가운데 모시는 데에도 희생이 필요합니다. 그것이 무엇입니까? 하나님이 거하실 신앙의 공동체를 만들기 위해 시간과 비용을 들이는 것입니다. 공동체는 결코 그냥 만들어지지 않습니다. 말씀을 듣기 위해 함께 모여야 하며, 누군가 다른 사람을 위해 시간을 쪼개고 노력을 기울여야 합니다.

　포로생활에서 돌아온 유다 백성들에게 가장 중요한 일은 하나님을 자기들 가운데 모시는 것이었고, 그렇게 하려면 시간과 비용을 들여서 성전을 건축해야 했습니다. 그러나 그들은 하나님을 모시는 일보다 자신의 생활을 안정시키는 일에 더 바빴습니다. 만약 부모가 엄청난 부자라면 자식들이 저마다 부모를 모시려 할 것입니다. 그러나 유다 백성들은 하나님이 얼마나 부요하신 분인지 깨닫지 못했기 때문에 하나님 모시는 일을 급하게 생각하지 않았습니다.

하나님을 모시는 백성이야말로 복 받은 백성입니다. 세상에서 가장 복 받은 자가 되려면 하나님께서 기쁘게 거하실 수 있도록 자기 삶을 하나님 중심으로 바꾸어야 합니다. 우선순위를 바로잡고 거룩을 위해 비싼 대가를 지불해야 합니다. 비록 자신은 판벽한 집에서 살지 못한다 하더라도 "주여, 우리에게 성령을 부어 주옵소서. 우리 교회를 신실한 공동체로 세워 주옵소서. 인간적인 방법은 사라지고 오직 성령의 역사가 일어나는 공동체 되게 해 주옵소서"라고 기도하면서, 그 일을 위해 기꺼이 대가를 지불해야 합니다.

그러면 우리의 집은 누가 책임져 줍니까? 하나님께서 책임져 주십니다. 자기 것을 조금 포기하고 거룩한 공동체를 세우기 위해 수고하면, 하나님께서 직접 우리의 필요를 채워 주십니다. 애써 자기 집을 가지려 하지 않아도, 애써 부자가 되려 하지 않아도, 우리가 미처 생각지 못했던 부분까지 풍성하게 채워 주십니다.

거듭 말하지만 우리에게 가장 중요한 것은 하나님의 말씀을 사모하는 공동체를 세우는 것입니다. 물이 펑펑 솟아나는 이 우물만 얻는다면, 세상에서 다시 목마르지 않는 완전한 축복을 우리와 우리 가족과 주위 모든 사람들이 누리게 될 것입니다.

2

—

하나님이 원하시는 성전

학개 1:7-15

1:7 "나 만군의 여호와가 말하노니 너희는 자기의 소위를 살펴볼지니라.

8 너희는 산에 올라가서 나무를 가져다가 전을 건축하라. 그리하면 내가 그로 인하여 기뻐하고 또 영광을 얻으리라. 나 여호와가 말하였느니라.

9 너희가 많은 것을 바랐으나 도리어 적었고 너희가 그것을 집으로 가져갔으나 내가 불어 버렸느니라. 나 만군의 여호와가 말하노라. 이것이 무슨 연고뇨? 내 집은 황무하였으되 너희는 각각 자기의 집에 빨랐음이니라.

10 그러므로 너희로 인하여 하늘은 이슬을 그쳤고 땅은 산물을 그쳤으며

11 내가 한재를 불러 이 땅에, 산에, 곡물에, 새 포도주에, 기름에, 땅의 모든 소산에, 사람에게, 육축에게, 손으로 수고하는 모든 일에 임하게 하였느니라."

12 스알디엘의 아들 스룹바벨과 여호사닥의 아들 대제사장 여호수아와 남은 바 모든 백성이 그 하나님 여호와의 목소리와 선지자 학개의 말을 청종하였으니 이는 그들의 하나님 여호와께서 그를 보내셨음을 인함이라. 백성이 다 여호와를 경외하매

13 때에 여호와의 사자 학개가 여호와의 명을 의지하여 백성에게 고하여 가로되 "'나 여호와가 말하노니 내가 너희와 함께하노라' 하셨느니라" 하니라.

14 여호와께서 스알디엘의 아들 유다 총독 스룹바벨의 마음과 여호사닥의 아들 대제사장 여호수아의 마음과 남은 바 모든 백성의 마음을 흥분시키시매 그들이 와서 만군의 여호와 그들의 하나님의 전 역사를 하였으니

15 때는 다리오 왕 2년 6월 24일이었더라.

1:7-15

요즘 우리나라는 정치가들의 마음이 하나가 되지 않아서 대단히 혼란스러운 상태에 있습니다. 정치가들과 온 국민이 일치단결해서 몸부림을 쳐도 어려움을 헤쳐 나갈까 말까 한데, 저마다 제 욕심에 따라 사분오열하여 싸우는 탓에 어려움이 계속되고 있습니다. 그런데 몇 년 전, 국민들의 마음이 완전히 하나가 된 적이 있었습니다. 그것은 월드컵 예선전에서 한국이 일본에 역전승을 거둔 때입니다. 그때 저는 주일 오후예배 설교 중이었는데, 밖에서 들리는 환호성 때문에 잠시 설교를 중단하지 않을 수 없었습니다. 스포츠를 좋아하지 않는 제 아내까지 재방송을 보면서 소리를 지를 정도로, 온 국민의 관심이 그 경기에 집중되었습니다.

　바벨론 포로생활에서 돌아온 유다 백성들은 성전을 재건하려는 열망에 불타고 있었습니다. 그러나 막상 쓰레기 더미가 되어 있는 예루살렘을 보고 사마리아인들의 방해까지 받게 되자, 마음이 점차 흩어지기 시작했습니다. 그들은 얼마 되지 않는 인원으로 이 엄청난 쓰레기를 치우고 거대한 성전을 짓는다는 것은 아무래도 역부족이라고 생각했습니다. 그래서 상황이 좋아질 때까지 기다리기로 했습니다.

그러나 성전이 폐허로 방치되어 있는 동안, 그들은 진정한 만족을 누릴 수가 없었습니다. 아무리 열심히 일을 해도, 들인 수고에 비해 돌아오는 결과가 너무나도 형편없었습니다. 그들은 왜 자기들의 삶에 이렇게 열매가 없고 자기들의 마음에 이렇게 만족이 없는지 알 수가 없었습니다. 하나님께서는 학개를 통해 그 이유를 말씀해 주십니다. "이 전이 황무하였거늘 너희가 이때에 판벽한 집에 거하는 것이 가하냐?" 즉, 그들이 아무리 잘살아 보려고 몸부림을 쳐도 열매가 없었던 것은 그들의 삶에서 가장 중요한 부분을 방치해 두고 다른 일에 매달렸기 때문이라는 것입니다.

이제 유다 백성들에게 필요한 일이 무엇입니까? 다시 마음을 하나로 모아 성전을 완공하는 것입니다. 마치 우리나라 국민들이 한일 축구 경기를 보면서 '무슨 일이 있어도 이 경기는 이겨야 한다' 는 일치된 마음을 가졌던 것처럼, 이들도 '무슨 일이 있어도 하나님의 성전은 완공해야 한다' 는 일치된 마음을 가져야만 했습니다.

그러나 이들이 다시 뜨거운 마음으로 하나가 된다는 것은 바벨론에서 처음 돌아왔던 때보다 훨씬 더 어려운 일이 되어 버렸습니다. 15년의 세월이 흐르면서 형편이 더 빈궁해졌기 때문입니다. 그나마 가지고 있던 것들까지 다 써 버렸어요. 그런데 그때도 하지 못했던 성전 건축을 이제 와서 과연 할 수 있겠습니까?

놀라운 것은 학개 선지자의 말씀을 듣는 유다 백성들에게 '이것은 하나님의 말씀이다. 정말 우리가 순종해야 할 하나님의 말씀이

다' 라는 생각이 들면서 마음이 흥분되기 시작했다는 것입니다. 온 백성의 마음이 뜨거워졌고 하나로 모이기 시작했습니다.

하나님이 원하시는 성전

하나님께서 유다 백성들에게 원하시는 것이 무엇입니까? 7절을 보십시오. "나 만군의 여호와가 말하노니 너희는 자기의 소위를 살펴볼지니라." 이것은 5절에서도 이미 하신 말씀입니다. "그러므로 이제 나 만군의 여호와가 말하노니 너희는 자기의 소위를 살펴볼지니라."

하나님께서는 그들이 자기들의 바람과 달리 이처럼 살기 힘들어진 이유를 생각해 보라고 하십니다. 그런데 이 두 번째 말씀에는 첫 번째 말씀과 조금 다른 의미가 들어 있습니다. 첫 번째 말씀은 그들 삶의 우선순위가 어떻게 배치되어 있는지 살펴보고 그 순서가 과연 올바른지 생각해 보라는 뜻이었습니다. '하나님의 전은 황폐하게 방치되어 있는데, 너희는 좋은 집을 지어 놓고 사는 것이 옳으냐? 이것이 하나님의 백성으로서 바른 태도이냐? 너희가 가건물에서 지내는 한이 있어도 성전부터 완공해야겠다는 의지를 보였어야 하는 것이 아니냐? 바벨론 포로생활이라는 엄청난 시련을 겪었다면 무언가 깨달은 것이 있고 변한 것이 있어야 하는 것 아니냐?' 는 뜻이었습니다. 그들이 왜 포로로 잡혀 갔습니까? 하나님을 삶의 중심에 모시지 않았기 때문입니다. 그런데 포로생활에서 돌아오고 난 후에도 여전히 하나님 없는 생활을 당연시하면서 산다면, 그렇게 고난받은 것이 대체 무슨 소용이 있겠습니까?

우리 스스로도 안타까운 점이 바로 이것입니다. 우리는 고난을 겪을 때, 이 고난만 끝나고 나면 모든 일을 하나님 중심으로 하겠다고 결심합니다. 그러나 막상 고난이 끝난 후에는 그다지 변한데가 없는 자신의 모습을 발견하게 됩니다. 아주 많이 겸손해질 줄 알았는데 여전히 교만한 자신의 모습을 보게 되고, 아주 많이 정결해질 줄 알았는데 여전히 탐욕스러운 자신의 모습을 보게 되는 것입니다. 그렇다고 아무 변화도 없는 것은 아닙니다. 고난을 겪고 난 사람은 적어도 하나님의 말씀에는 반응을 보인다는 특징이 있습니다. 여전히 교만하고 여전히 변화되지 않은 부분이 많음에도 불구하고, 일단 하나님의 말씀을 들으면 두려워하는 것입니다. 유다 백성들도 그러했습니다. 전에는 선지자들의 지적을 듣기 싫어했지만, 이제는 말씀 앞에 반응을 보이게 되었습니다.

두 번째 "자기 소위를 살펴볼지니라"는 말씀에는, 하나님을 중심에 모시는 것이 바른 우선순위라면 그것을 구체적으로 실천할 방법을 생각해 보라는 뜻이 담겨 있습니다. 즉, 성전을 건축하는 것이 우선이라면 어떻게 건축할 것인지 그 방법을 생각해 보라는 것입니다. 지금 유다 백성들이 머릿속에 그리고 있는 것은 백향목과 대리석으로 지은 솔로몬의 화려한 성전입니다. 그러나 하나님께서는 자신이 원하시는 것이 과연 그렇게 화려한 성전인지 생각해 보라고 하십니다. 만약 하나님께서 이 두 번째 말씀을 하시지 않았다면 그들은 과거와 같은 성전을 짓기 위해 모든 정력을 낭비해 버렸을 것입니다.

8절을 보십시오. "너희는 산에 올라가서 나무를 가져다가 전을 건축하라. 그리하면 내가 그로 인하여 기뻐하고 또 영광을 얻으리라. 나 여호와가 말하였느니라."

솔로몬은 세계에서 가장 좋은 레바논 백향목과 최고급 대리석으로 성전을 지었습니다. 그러나 하나님께서는 이들에게 그런 고급 재료로 성전을 지을 것이 아니라 산에 있는 평범한 나무들을 베어다가 지으라고 하십니다. 왜 돌에 대해서는 따로 말씀하시지 않았을까요? 아마도 처음 성전이 무너질 때 깨지고 부서진 돌덩이들이 쓰레기 더미 속에 많이 파묻혀 있었기 때문일 것입니다. 그러니까 그 돌덩이들 파내고 산에 있는 잡목들 베어다가 성전을 지으라는 것입니다.

하나님께서는 세상에서 가장 화려하고 아름다운 성전을 지으라고 하시지 않았습니다. 폐허에 파묻혀 있는 돌덩이들과 산에 있는 평범한 나무들을 베어다가 재활용 성전을 지으라고 하셨습니다. 그래도 그 성전을 기뻐하며 그 성전을 통해 영광을 받겠다고 하셨습니다.

사실 살림이 어려울 때는 새 물건을 사기가 어려운 법입니다. 그럴 때 제일 눈길이 가는 곳이 재활용품 버리는 곳입니다. 한번은 전에 살던 아파트에서 누가 쓸 만한 소파를 버렸기에 얼른 주워다 놓았습니다. 그런데 하필이면 그 소파를 버린 집 애가 우리 집에 놀러와서 "이거 우리가 버린 건데!" 하고 소리를 지르는 바람에 좀 민망했던 적이 있습니다. 우리 생각에는 하나님께서 화려한 성전을 원하실 것 같습니다. 그러나 하나님께서는 이런 재활용품으로 지은 성전도 기뻐한다고 말씀하십니다.

여기에서도 중요한 것은 역시 신학입니다. 하나님께서 성전을 지으라고 하신 것은 다윗과 솔로몬 시대 같은 과거로 돌아가라는 뜻이 아니었습니다. 그들이 해야 할 일은 과거의 국력을 회복시키거나 과거와 같은 화려한 성전을 재건하는 것이 아니라, 약속된 메시아의 오심을 조용히 기다리는 것이었습니다. 그들은 새 시대를 준비하는 일종의 선발대였습니다. 선발대는 원래 숫자가 많지 않습니다. 선발대가 해야 할 일은 본격적인 프로그램을 시작하는 것도 아니고, 가져온 것들을 다 꺼내서 먹고 마시는 것도 아닙니다. 그들이 해야 할 일은 앞으로 도착할 본대를 기다리면서 미리 텐트를 쳐 놓거나 시설을 점검해서 본격적인 활동이 개시될 때 아무 어려움이 없도록 준비하는 것입니다.

'이것은 진정한 해방이 아니다'라는 유다 백성들의 생각은 맞는 것이었습니다. 하나님께서는 진짜 해방이 나중에 올 것이라고 말씀하셨습니다. 그들은 그 해방을 위한 선발대로서 재활용 성전을 지어 앞으로 도래할 성령의 시대를 준비해야 했습니다. 그들이 지어야 할 성전은 구약적인 의미의 성전이 아니라 앞으로 임하실 성령을 들불처럼 퍼뜨릴 봉화대였습니다. 그런데 그런 봉화대를 굳이 대리석이나 백향목으로 지을 필요가 있겠습니까?

그리스도가 오실 때까지 율법은 한 치의 오차도 없이 지켜져야 합니다. 마치 고속도로에 이정표가 있어야 하는 것과 같습니다. 목적지에 이르기까지 이정표는 반드시 있어야 합니다. 그러나 이정표 자체가 화려할 필요는 없습니다. 마찬가지로 그리스도가 오실 때까지 성전은 반드시 있어야 하며 제사는 시행되어야 합니다. 그러나 그것이 솔로몬의 성전처럼 화려할 필요는 없습니다. 그렇게 화려한 성전을 짓는 것은 포로생활에서 돌아온 유다 백성들이 감당하기 힘든 일일 뿐 아니라 과거로 회귀하는 일이기도 합니다. 그러나 다윗과 솔로몬의 나라로 회귀하는 것은 그들의 임무가 아니었습니다. 그들의 임무는 앞으로 도래할 그리스도의 나라를 준비하는 것이었습니다.

하나님의 백성들에게 중요한 것은 뜨거운 열심 이전에 분명한 신학입니다. 신학이 없으면 고생은 고생대로 실컷 하고서도 하나님 앞에 내놓을 것은 하나도 없게 됩니다. 오늘 우리에게도 하나님께서 요구하시는 시대적인 사명이 있습니다. 그것을 모른 채 '아, 학개서 말씀을 보니 성전을 지으라고 하시는구나' 생각해서, 있는 재산 없는 재산 다 털어 멋있는 건물을 짓는 것은 어리석은 짓입니다. "너희 소위를 살펴볼지니라"는 것은 하나님께서 오늘 나에게 원하시는 뜻이 무엇인지 깊이 생각해 보라는 말씀입니다. 이 어려운 시대에 하나님의 백성으로서 살게 하시는 이유가 무엇인지부터 잘 생각해 보고, 그 후에 열심을 내든지 말든지 하라는 말씀입니다.

우리나라 교회들은 참 열심이 큽니다. 그런데 문제는 그 열심의 내용이 다 똑같다는 것입니다. 시대적인 사명은 생각지도 않고, 어떻게 해서든지 화려한 건물을 짓고 크게 성장하기 위해 노력하는 교회들이 많이 있습니다. 그러나 주님의 요구는 교회마다 다 다르다는 사실을 기억할 필요가 있습니다. 요한계시록 2장과 3장을 보십시오. 소아시아 일곱 교회에 요구하시는 바가 각기 다르지 않습니까? 주님은 "너희는 무조건 교회를 크게 성장시켜라. 이하 동문!"이라고 말씀하시지 않았습니다. 어떤 교회에는 첫사랑을 회복하라고 하셨고, 어떤 교회에는 거짓 교훈을 물리치라고 하셨으며, 어떤 교회에는 그들의 상을 빼앗기지 말라고 하셨습니다. 주님의 뜻은 '이하동문'이 될 수가 없습니다. 미국 교회에 요구하시는 바가 다르고 한국 교회에 요구하시는 바가 다르며, 저 교회에 요구하시는 바가 다르고 이 교회에 요구하시는 바가 다릅니다. 우리는 그것이 무엇인지 잘 생각해 보아야 합니다.

하나님께서 요구하시는 것은 대리석과 백향목으로 성전을 짓는 것처럼 엄청난 일이 아닙니다. 우리가 보기에는 외국에 가서 박사학위도 받아 오고, 큰 회사 차려서 헌금도 몇천 만원씩 해야 하나님을 기쁘시게 할 것 같습니다. 그러나 그렇게 하려면 하나님을 기쁘시게 하기도 전에 지쳐서 쓰러질 것입니다. 하나님께서는 뭘 그렇게 어렵게 생각하느냐고 물으십니다. 쓰레기 더미에 묻혀 있는 돌덩이들 파내고 뒷산에 있는 잡목들 베어다가 성전을 지으라는 것입니다. 그렇게만 해도 충분히 시대적인 사명을 감당할 수 있다는 것입니다.

저는 우리 교회의 사명이 죄를 치료하는 데 있다고 생각합니다. 그렇기 때문에 세상에서 실패한 사람들, 상처받은 사람들, 가정이 무너진 사람들, 도덕적으로 넘어진 사람들, 병든 사람들, 망한 사람들이 자꾸 와야 합니다. 그것을 치료하는 것이 교회가 해야 할 일입니다. 교회는 전인(全人)을 치료하는 병원입니다. 영혼이 치료되면 성격도 치료되고 생활습관도 치료되고 대인관계도 치료되고 몸도 치료됩니다.

또한 교회는 함께 모여 진리를 밝힘으로써 성령의 강물을 세상으로 흘려보내야 합니다. 교회에서 성령의 강물이 흘러나가지 않고 빛이 비치지 않으니까 세상이 그렇게 각박해지고 힘들어지는 것입니다. 그리스도인들은 자꾸 모여서 진리를 밝혀야 하고, 눈물을 흘리면서 기도해야 합니다. 그러면 어느새 세상이 변화되기 시작하는 것을 볼 수 있습니다.

왜 복을 불어 버리셨는가?

선지자는 유다 백성들이 이렇게 궁핍해질 수밖에 없었던 이유를 다시 한 번 설명하고 있습니다. "너희가 많은 것을 바랐으나 도리어 적었고 너희가 그것을 집으로 가져갔으나 내가 불어 버렸느니라. 나 만군의 여호와가 말하노라. 이것이 무슨 연고뇨? 내 집은 황무하였으되 너희는 각각 자기의 집에 빨랐음이니라"(1:9).

이것은 앞에서 이미 하신 말씀입니다. 그들은 많은 결과를 얻길 바라서 그만큼 많은 수고를 했지만 막상 얻은 것은 적었고, 애써 농사해서 추수한 것을 집으로 가져갔지만 막상 먹을 것은 없었습니다. 그들은 그 이유를 알 수가 없었습니다. 신앙과 관계가 있을 것 같기는 했지만, 설사 그렇다고 해도 이 보잘것없는 결과를 선뜻 받아들일 수가 없었습니다.

예를 들어 어떤 고3 학생이 죽도록 열심히 공부했는데도 대학에 떨어졌다면, 그 결과를 선뜻 받아들일 수 있겠습니까? 자기보다 열심히 공부하지 않은 친구들은 전부 붙었는데 자기만 떨어졌다는 그 사실을 당황하지 않고 받아들일 수 있겠습니까? 한편으로는 '무슨 뜻이 있어서 이런 시련을 주시는 걸 거야'라고 생각하면서도, 다른 한편으로는 여전히 그 결과를 받아들이지 못할 것입니다. 그래서 교회에서 말씀 들을 때는 '그래, 내가 하나님 중심으로 살지 않아서 이렇게 된 거야'라고 생각하면서 마음을 고쳐먹다가도, 막상 현실로 돌아오면 '그래도 그렇지, 어떻게 나한테 이런 일이 일어날 수 있어?' 하면서 계속 고개를 젓게 됩니다. 이것은 세상적인 기준에서 생각하면 절대 해결할 수 없는 문제입니다.

상식적으로 볼 때 노력에 비해 너무 형편없는 결과가 나왔다면,

하나님과의 관계라는 측면에서 그 문제를 재검토할 필요가 있습니다. 그것은 하나님께서 내 목덜미를 쥐고 계신 결과이며, 내 뜻대로 되지 않도록 간섭하신 결과일 수 있기 때문입니다. 예를 들어 어떤 사람이 아무리 열심히 달려도 진도가 나가지 않는다면, 그것은 누군가 뒤에서 잡아당기고 있다는 뜻일 것입니다. 그럴 때 내가 해야 할 일은 그 자리에 멈추어 서서 하나님께서 원하시는 바가 무엇인지 다시 묻고 생각해 보는 것입니다.

10절과 11절을 보십시오. "그러므로 너희로 인하여 하늘은 이슬을 그쳤고 땅은 산물을 그쳤으며 내가 한재를 불러 이 땅에, 산에, 곡물에, 새 포도주에, 기름에, 땅의 모든 소산에, 사람에게, 육축에게, 손으로 수고하는 모든 일에 임하게 하였느니라."

여기에서 우리가 알게 되는 것은, 유다 백성들이 무슨 큰 죄를 저지르지 않았는데도, 하나님의 은혜가 광범위하게 사라지기 시작했다는 사실입니다. 예전처럼 우상을 섬긴 것도 아니고 간음을 저지른 것도 아닌데, 하늘과 땅과 산과 사람과 가축과 모든 곡물에 이르기까지 모든 영역에서 열매가 사라져 버렸습니다. 땅에도 열매가 맺히지 않고 사람도 자식을 낳지 못하며 짐승들까지 낙태해 버렸습니다. 이 광범위한 재앙의 의미가 대체 무엇입니까?

첫째로, 이것은 그들이 얼마나 중요한 존재인지 깨달으라는 뜻입니다. 그들은 자신들의 가난만 보았고, 눈앞에 있는 쓰레기 더미만 보았습니다. 그러나 그들은 온 세상에서 제일 먼저 그리스도의 오심과 성령의 시대를 준비하도록 보냄받은 선발대로서, 온 하늘과 땅과 산과 가축들이 그들이 바른 위치 찾기를 애타게 바라고 있었습니다. 그런데 그들이 겉으로 보이는 초라함 때문에 자신들의 중요한 사명을 망각하고 눈에 보이는 이익을 좇았을 때, 하늘과 땅과 산과 사람과 가축들이 다 고통을 받게 되었습니다.

사도 바울은 "피조물이 다 이제까지 함께 탄식하며 함께 고통하는 것을 우리가 아나니 이뿐 아니라 또한 우리, 곧 성령의 처음 익은 열매를 받은 우리까지도 속으로 탄식하여 양자 될 것, 곧 우리 몸의 구속을 기다리느니라"(롬 8:22~23)고 말합니다. 무슨 뜻입니까? 우리는 단순히 자기 몸뚱이 하나 잘살기 위해 존재하는 사람들이 아니라는 것입니다. 우리가 바른 위치를 찾지 못하면 모든 피조물이 함께 고통 받게 되어 있습니다. 우리 한 사람 한 사람이 시대적인 사명을 깨닫지 못하고 세상 사람들처럼 쾌락이나 이익을 좇아 살면, 하나님의 광범위한 징계로 다른 사람들이나 피조물들까지 고통 받게 되는 것입니다.

예를 들어 집안의 가장이 자신의 위치를 망각하고 바람이나 피우며 술이나 마시고 노름이나 하면서 돌아다닌다면, 당연히 온 가족이 고통을 받을 것입니다. 벌써 아내의 얼굴에 기쁨이 하나도 없습니다. 자녀들도 풀이 팍 죽어 있고, 집에서 키우는 개까지 기운이 하나도 없습니다. 주부도 마찬가지입니다. 주부가 제 위치를 잃고 엉뚱한 데 정신이 팔려서 돌아다니면, 그 집 살림은 물론이고 자녀들의 행색도 형편없어질 수밖에 없습니다. 하나님의 백성들에게는 시대적인 사명이 있습니다. 그 사명을 모른 채 자기의 바른 위치를 찾지 못하고 세상과 타협해서 돈이나 야망을 향해 달려가면, 하늘도 고통 받고 땅도 고통 받고 세상에 있는 모든 것들이 고통 받게 되어 있습니다.

그렇다면 거꾸로 생각해 봅시다. 만약 우리가 우리의 가치를 발견하고 바른 위치에 서면 어떻게 되겠습니까? 하늘도, 땅도, 곡식도, 사람도, 가축도 열매를 맺을 것입니다. 엘리야를 생각해 보십시오. 그는 우리와 똑같은 성정을 가진 사람이었습니다. 그도 먹어야 했고, 잠자야 했으며, 침체될 때도 있었고, 무서워 떨 때도 있었습니다. 그런데 그가 선지자로서 바른 위치에 서서 기도하자 3년 반 동안 하늘이 닫혀서 비가 내리지 않았으며, 다시 기도하자 하늘이 열려서 비가 쏟아졌습니다. 그래서 야고보 사도는 "의인의 간구는 역사하는 힘이 많으니라"(약 5:16)고 말했습니다.

우리 주위 사람들이 고통 받고 자연이 고통 받고 짐승들이 고통받는 이유가 무엇입니까? 내가 하는 일에 수고한 만큼 열매가 나타나지 않는 이유가 무엇입니까? 하나님 앞에서 나의 가치를 생각하는 시간을 가지지 않고, 믿지 않는 사람들과 똑같이 닥치는 대로 살았기 때문입니다. 저도 때로는 작은 일에 집착해서 제 위치를 잃어버릴 때가 있습니다. 그러나 하나님께서는 그런 작은 일에 집착하라고 우리를 택하신 것이 아닙니다. 예를 들어 자존심 싸움 같은 사소한 일에서야 내가 지면 어떻고, 굳이 이긴들 또 뭐하겠습니까? 하나님 앞에서 자기 위치를 지킴으로써 하늘을 움직이고 땅을 움직이는 일에 비하면 그런 것은 그야말로 아무것도 아닙니다.

그래서 그리스도인들은 자주 깊은 묵상의 시간을 가질 필요가 있습니다. 그런 시간을 가질 수 없을 만큼 바쁜 것은 죄입니다. 우리는 반드시 묵상의 시간을 가지면서 '나는 누구인가? 지금 하나님께서 나에게 원하시는 것은 무엇인가?'를 물어야 합니다. 그렇지 않고 닥치는 대로 앞으로만 달려가면 아무리 수고해도 열매를 얻지 못할 것입니다.

우리는 자신의 겉모습만 보고 보잘것없는 사람으로 생각할 때가 많이 있습니다. 그러나 하나님께서는 "아니다. 그런 것으로 자신을 평가하지 마라. 너희 월급으로, 성적으로, 집 크기로 자신을 평가하지 말고 내가 맡긴 시대적인 사명을 깨달아라"라고 말씀하십니다. 우리는 굉장히 중요한 사람들입니다. 우리가 자기 위치를 지키느냐 지키지 못하느냐에 따라 온 피조물이 엄청난 영향을 받을 것입니다.

말씀을 들은 유다 백성들의 반응

학개 선지자의 말씀을 들은 유다의 지도자들과 백성들은 어떤 반응을 보였습니까? "스알디엘의 아들 스룹바벨과 여호사닥의 아들 대제사장 여호수아와 남은 바 모든 백성이 그 하나님 여호와의 목소리와 선지자 학개의 말을 청종하였으니 이는 그들의 하나님 여호와께서 그를 보내셨음을 인함이라. 백성이 다 여호와를 경외하매"(1:12).

바벨론에서 70년 동안 고생하고 난 후에 달라진 점이 무엇입니까? 겉으로 보기에는 별로 달라진 점이 없는 것 같았습니다. 그들은 더 거룩해진 것도 아니었고 더 겸손해진 것도 아니었습니다. 그러나 한 가지만큼은 분명히 달라졌습니다. 그것은 선포된 말씀 앞에 고개를 숙이게 되었다는 것입니다.

고난을 겪지 않은 성도들은 하나님의 말씀을 예사로 들을 뿐 아니라 잔소리로까지 생각합니다. 설교자가 자꾸 듣기 싫은 소리를 하면 "오늘은 왜 이렇게 잔소리가 심한 거야? 안 그래도 먹고살기 힘든데, 신경질 나게 교회까지 와서 이런 소리를 들어야 하겠어?" 하고 불평합니다. 그러나 한 번 고난을 겪고 난 사람은 말씀이 들릴 때 딱 정신을 차리고 귀를 기울입니다. 이것이 고난이 우리에게 주는 유익입니다.

유다의 지도자들과 백성들은 학개의 책망을 하나님의 말씀으로 인정했습니다. 그래서 들은 말씀대로 자기들이 하던 일을 중단한 채, 쓰레기 더미를 뒤져서 돌을 찾아내고 산에 가서 나무를 베어 와 성전을 짓기 시작했습니다. "백성이 다 여호와를 경외하매"라는 것은 학개가 전한 말씀을 하나님의 말씀으로 인정하고, 그 말씀에 순종했다는 뜻입니다. "저 사람은 원래 저렇게 부정적이라니까"라든지 "그냥 한번 해 보는 말이겠지" 하면서 넘어가지 않고, 하나님의 말씀으로 받아들였다는 뜻입니다.

기독교의 놀라운 축복과 비밀은 하나님께서 사람을 통해 말씀하신다는 데 있습니다. 그러나 우리는 그것을 인간의 말로 치부하고 넘어갈 때가 많이 있습니다. '목사님한테 무슨 기분 나쁜 일이라도 있나? 오늘은 왜 이렇게 사람을 치는 거야?' 하면서 넘어갈 때가 많이 있어요. 그러나 하나님께서 사람을 통해 하시는 말씀은 진짜 나에게 하시고 싶은 말씀의 천분의 일, 만분의 일도 되지 않습니다. 그렇기 때문에 우리는 말씀을 들을 때 '아, 내 믿음이 너무 부족하니까 원래 하시려는 말씀을 많이 희석해서 전달하시는구나. 실제로 하나님께서는 천배 만배 더 강력한 어조로 나에게 말씀하고 싶어 하시는구나' 라고 생각해야 합니다. 그 하나님의 심정이 나에게 전달되면 머릿속을 가득 채우고 있던 문제들이 한없이 작아지면서, 가슴 속에 있는 것들을 다 토해 내고 싶은 마음이 솟구칩니다.

이처럼 하나님을 경외한다는 것은 내 귀에 들리는 말씀을 하나님의 말씀으로 인정하는 것입니다. 하나의 가설이나 제안으로 생각하는 것이 아니라 절대적인 하나님의 음성으로 받아들이는 것입니다. 그리고 그 말씀 앞에 내 생각의 흐름을 중지시키는 것입니다. 내 생각과 계획은 초시계처럼 한 순간도 쉬지 않고 째깍째깍 진행되고 있습니다. 그러나 '이것은 진짜 하나님께서 나에게 하시는 말씀이다'라는 생각이 드는 순간, 그 초시계를 멈추고 말씀에 집중해야 하며, 그 말씀에 순종해서 한 걸음을 옮겨야 합니다. 그럴 때 하나님의 역사가 나타나기 시작합니다.

유다 백성들이 말씀에 조금 반응을 보이자, 하나님의 응답이 즉시 나타났습니다. "때에 여호와의 사자 학개가 여호와의 명을 의지하여 백성에게 고하여 가로되 '나 여호와가 말하노니 내가 너희와 함께하노라 하셨느니라' 하니라"(1:13).

하나님께서는 유다 백성들에게 많은 것을 원하시지 않았습니다. 그저 들은 말씀에 따라 딱 한 걸음만 옮기기를 원하셨습니다. 여러 걸음이 아닙니다. 혼동 속에서 딱 한 걸음을 옮겼을 때, "내가 너희와 함께하노라"라고 응답하셨습니다.

하나님이 함께하시면 어떻게 됩니까? 무슨 일을 해도 힘이 들지 않습니다. 저는 그런 경험을 많이 합니다. 분명히 내가 말을 하고 있는데도 내가 말하는 것 같지가 않습니다. 나는 가만히 있는 것 같은데, 하나님께서 나를 사용하시는 엄청난 힘이 느껴집니다. 그리고 마치 폭탄을 던진 것처럼, 생각지도 못했던 결과가 나타나는 것을 보게 됩니다. 그럴 때 마음이 얼마나 기쁘고 영광스러운지 모릅니다.

하나님께서 우리에게 원하시는 것은 완벽한 신앙이 아닙니다. 말씀을 듣고 잠깐 주춤하면서 조금만 방향을 틀어도 은혜를 주시고 형통케 하시며 영광을 경험하게 하십니다. 그러면 다른 사람들이 우리를 두려워하기 시작합니다. 우리에게서 하나님의 영광과 능력이 나타나기 때문입니다.

하나님께서는 이 약속을 주신 직후에 무슨 일을 하셨습니까? "여호와께서 스알디엘의 아들 유다 총독 스룹바벨의 마음과 여호사닥의 아들 대제사장 여호수아의 마음과 남은 바 모든 백성의 마음을 흥분시키시매 그들이 와서 만군의 여호와 그들의 하나님의 전 역사를 하였으니 때는 다리오 왕 2년 6월 24일이었더라"(1:14-15).

하나님께서는 곧바로 그들에게 성령을 부으셔서 그들의 마음을 흥분시키셨습니다. 여기에서 마음을 흥분시키셨다는 것은 잠깐 감정적인 자극을 주셨다는 의미가 아닙니다. 하나님의 뜻이 그들의 인격과 삶 전체를 지배하게 되었다는 의미입니다. 유다 백성들 가운데 집단적인 흥분의 역사가 일어났습니다. 마음을 덮고 있던 무지와 미신의 검은 장막이 걷히면서, 온 백성의 마음이 일치되어 하나님이 기뻐하시는 뜻을 향해 나아가는 일이 일어났습니다.

하나님께서 유다 백성들을 힘들게 하신 이유가 무엇입니까? 농사는 엉망이 되고 집안일은 난장판이 되게 하신 이유가 무엇입니까? 이처럼 성령을 부으셔서 일치된 마음을 갖게 하시기 위해서입니다. 사람은 편안하면 은혜를 간구하지 않습니다. 그래서 우리를 힘들게 만드시고 때로는 실패하여 빈손으로 나아오게 하신 후에, 가장 귀중한 은혜를 퍼부어 주시는 것입니다. 하나님께서는 유다 백성들에게 집단적으로 성령을 충만히 부어 주셨습니다.

오늘날 교회가 왜 이렇게 어려워졌습니까? 나라가 왜 이렇게 어려워졌습니까? 마음이 하나 되지 못했기 때문입니다. 우리가 하나님 앞에서 얼마나 존귀한 사람인지 깨닫지 못하고 돈이나 지위나 학벌 같은 시시한 기준으로 자신을 깎아내리며 세상 사람들과 똑같이 사니까, 우리 자신뿐 아니라 세상이 다 살기 힘들어진 것입니다.

이 세상을 축복하는 주체는 기업가도 아니고 정치가도 아니고 미국도 아니고 일본도 아닙니다. 우리의 주 되신 하나님만이 세상을 축복하실 수 있습니다. 하나님께서 축복하시면 세상의 역사가 달라집니다.

주님은 오늘 우리가 성령을 구하기를 원하십니다. 그리고 성령의 봉화대로서 준비되기를 원하십니다. 성령이 고갈될 때 나타나는 현상은 사람들의 마음이 수없이 갈라지는 것이며, 저마다 자기 이익만 추구하는 것이고, 별 소득이 없는데도 자꾸 자기 일에 바빠지는 것입니다. 그러나 성령은 이렇게 갈라진 마음을 하나 되게 하시며, 성전 재건처럼 불가능해 보이는 일을 기쁨으로 감당하게 하십니다.

오늘 우리에게 필요한 것이 무엇입니까? 자신의 위치를 깨닫고 그것을 잘 지키는 것입니다. 그러면 성령을 부으셔서 우리 속에 있는 영이 흥분되게 하실 것이며 하나 되게 하실 것입니다. 이것이 진정한 하나님 나라의 모습입니다.

유다 백성들은 그달 24일에 성전 재건에 착수합니다. 말씀을 들은 지 3주 만에 한마음으로 일어선 것입니다. 이것은 굉장히 빠른 반응입니다. 그들이 이렇게 빨리 반응한 이유가 무엇입니까? 이 중요한 일을 더 이상 미루어서는 안 된다는 공통된 인식이 생겼기 때문입니다.

오늘 우리가 해야 할 일은 공동체를 세우며 진리를 밝히는 것입니다. 우리의 목표는 눈에 보이지 않기 때문에 더 실천하기가 어렵습니다. 차라리 산에 가서 나무를 베어오고 쓰레기 더미에서 돌을 찾아내는 편이 더 쉬울지도 모릅니다. 그러나 우리는 성령이 더 충만히 임하시는 공동체를 세우고 더 밝은 진리를 밝히기 위해, 각자 자기의 욕심을 죽이고 빈손으로 주님 앞에 나아가야 합니다. 그럴 때 하나님께서 엘리야처럼 온 세상을 움직이는 능력을 우리에게 주실 것입니다.

3

나중 성전의 영광

학개 2:1–9

^{2:1} 7월, 곧 그달 21일에 여호와의 말씀이 선지자 학개에게 임하니라. 가라사대

2 "너는 스알디엘의 아들 유다 총독 스룹바벨과 여호사닥의 아들 대제사장 여호수아와
남은 백성에게 고하여 이르라.

3 너희 중에 남아 있는 자, 곧 이 전의 이전 영광을 본 자가 누구냐? 이제 이것이
너희에게 어떻게 보이느냐? 이것이 너희 눈에 보잘것이 없지 아니하냐?

4 그러나 나 여호와가 이르노라. 스룹바벨아, 스스로 굳세게 할지어다. 여호사닥의
아들 대제사장 여호수아야, 스스로 굳세게 할지어다. 나 여호와의 말이니라.
이 땅 모든 백성아, 스스로 굳세게 하여 일할지어다. 내가 너희와 함께하노라.
만군의 여호와의 말이니라.

5 너희가 애굽에서 나올 때에 내가 너희와 언약한 말과 나의 신이 오히려 너희 중에
머물러 있나니 너희는 두려워하지 말지어다.

6 나 만군의 여호와가 말하노라. 조금 있으면 내가 하늘과 땅과 바다와 육지를
진동시킬 것이요

7 또한 만국을 진동시킬 것이며 만국의 보배가 이르리니 내가 영광으로 이 전에
충만케 하리라. 만군의 여호와의 말이니라.

8 은도 내 것이요 금도 내 것이니라. 만군의 여호와의 말이니라.

9 이 전의 나중 영광이 이전 영광보다 크리라. 만군의 여호와의 말이니라.
내가 이곳에 평강을 주리라. 만군의 여호와의 말이니라."

2:1-9

명문대학에 합격한 학생은 4년 동안 엄청나게 공부를 많이 해서 졸업 후에 큰일을 할 수 있으리라고 기대할 것입니다. 그런데 실제로는 공부도 별로 못했을 뿐 아니라 졸업 후에도 취직조차 되지 않아서 몇 년 동안 허송세월하고 있다면, 또 대기업에 어렵게 취직하기는 했는데 거기에서 하는 일들이 너무 기대에 미치지 못한다면, 아마 자신의 정체성과 미래에 큰 회의를 느끼게 될 것입니다.

　유다 백성들은 바벨론에서 돌아올 때 엄청난 기대를 가지고 있었습니다. 예루살렘 성전을 재건하고 성벽을 복원해서 옛 영광을 회복하겠다는 부푼 꿈을 안고 있었습니다. 그런데 막상 예루살렘에서 그들이 발견한 것은 거대한 쓰레기 더미였습니다. 무려 70년 동안이나 방치되어 치우기도 쉽지 않은 엄청난 폐허 더미였습니다. 게다가 그들에게는 그것을 치울 만한 인력이나 장비도 없었습니다.

그들은 너무나 실망한 나머지 15년 동안이나 성전 재건을 중단해 버렸고, 그 15년 동안 자신들의 정체성에 큰 혼란을 겪었습니다. '우리는 제대로 돌아온 것일까? 이것이 과연 하나님이 약속하신 축복의 전부일까? 우리는 대체 왜 여기에서 살아야 하는 것일까?' 라는 회의가 그들을 사로잡았습니다. 학개 선지자의 책망을 듣고 다시 성전을 짓기 시작하기는 했지만, 그래도 회의는 사라지지 않았습니다. 자신들이 짓고 있는 성전은 너무나 보잘것없었습니다. '이런 형편없는 성전을 지어 봤자 무슨 소용이 있을까? 차라리 그만두는 편이 낫지 않을까?' 라는 의문이 그들을 괴롭혔습니다.

그때 하나님께서 학개 선지자를 통해 다시 말씀하셨습니다. "너희는 지금 내가 원하는 일을 정확하게 하고 있다. 이 보잘것없는 성전이야말로 내가 원하는 성전이다. 이 성전의 영광은 솔로몬이 지은 성전의 영광보다 훨씬 클 것이다" 라고 격려해 주셨습니다.

하나님의 일을 하다가 실망할 때

학개 선지자의 책망을 들은 유다 백성들은 다시 성전을 짓기 위해 열심히 일했습니다. 그런데 한 달이 지났는데도 상황은 전혀 호전되지 않았고, 자신들이 짓고 있는 성전 또한 한없이 초라하기만 했습니다. 그러자 마음이 침체되면서 '이런 성전을 계속 지어야 할까?' 라는 의문이 고개를 들었습니다.

그때 하나님께서는 다시 한 번 학개 선지자를 통해 말씀을 주셨습니다. "7월, 곧 그달 21일에 여호와의 말씀이 선지자 학개에게 임하니라. 가라사대 '너는 스알디엘의 아들 유다 총독 스룹바벨과 여호사닥의 아들 대제사장 여호수아와 남은 백성에게 고하여 이르라. 너희 중에 남아 있는 자, 곧 이 전의 이전 영광을 본 자가 누구냐? 이제 이것이 너희에게 어떻게 보이느냐? 이것이 너희 눈에 보잘것이 없지 아니하냐?'"(2:1-3)

7월 21일은 성전 건축을 재개한 지 한 달쯤 되는 날이었습니다. 그리고 추수를 마친 후 하나님께 감사를 드리는 절기인 초막절의 마지막 날이기도 했습니다. 그러나 유다 백성들은 그렇게 기뻐할 처지가 못 되었습니다. 이미 살펴본 대로 그들의 수확은 형편없었고, 성전 재건 작업도 끝이 보이지 않았기 때문입니다.

하나님께서는 지금까지 그들의 일이 잘 풀리지 않은 원인이 성전 재건을 중단한 일과 관련이 있다고 말씀하셨습니다. 아마도 그들은 성전 재건만 다시 시작하면, 즉 우선순위만 바로잡으면 곧바로 축복이 쏟아질 줄 알았을 것입니다. 그러나 일을 시작한 지 한 달이 지났는데도 변화의 기미는 나타나지 않았습니다. 그렇다면 무언가 잘못된 것이 아닙니까? 학개 선지자의 예언에 무슨 문제가 있는 것은 아닙니까?

우리도 이와 비슷한 경험을 할 때가 많이 있습니다. 그동안 열심히 뛰어다녔는데도 열매가 없었습니다. 열심히 공부했는데도 되는 일이 없었고, 열심히 일했는데도 돈이 모이지 않았습니다. 그러다가 "너희 우선순위가 잘못되었다. 하나님을 멀리 하고 세상을 붙든 것이 복을 놓친 이유다"라는 말씀을 듣고, 눈물로 회개하고 한 달 동안 열심히 기도하며 하나님만 찾았습니다. 그런데도 여전히 일은 안 풀리고, 그나마 가지고 있던 돈마저 떨어지고, 설상가상으로 발목까지 삐어 버릴 때, '우리 목사님 말씀에 무슨 문제가 있는 게 틀림없다. 그런데도 내가 계속 그 말씀을 따라야 하나?'라는 회의가 들 수 있습니다. 이처럼 분명히 하나님의 뜻대로 살고 있는데도 좋은 결과가 나타나지 않고 오히려 상황이 악화되는 것을 우리는 어떻게 해석해야 합니까? 하나님께서 기뻐하시는 일을 하는데도 이렇게 나쁜 결과가 나올 수 있는 것입니까?

우리는 하나님의 뜻에 순종하는 것 자체를 만병통치약처럼 생각할 때가 많습니다. 물론 오랫동안 하나님의 뜻에 불순종하다가 이제 겨우 한 걸음을 옮겨 순종하게 된 것은 아주 귀한 일입니다. 그러나 그 일 자체가 모든 어려움을 해결해 주는 도깨비방망이가 될 수는 없습니다. 유다 백성들이 성전 건축을 재개한 지 이제 겨우 한 달이 지났습니다. 그런데 그들은 그 한 달 동안 변화가 나타나지 않는다고 해서 성전 짓는 일을 다시 포기하려 했습니다.

그리스도인은 누구보다 변화를 갈망하는 사람들입니다. 현재가 아무리 어려워도 미래의 소망만 보이면 참아 내는 사람들이 그리스도인들이에요. 대개 그리스도인 청년들은 봄과 가을에 침체를 많이 경험합니다. '올봄에는 무슨 변화가 있겠지,' '올해가 가기 전에는 무슨 변화가 있겠지' 기대했다가 아무 변화도 나타나지 않거나 오히려 상황이 더 악화될 때, '이렇게 하나님만 기다리다가 그나마 남은 것까지 잃는 건 아닐까' 하는 두려움이 생길 수 있습니다. 또 '하나님은 대체 무엇을 하고 계시기에 나를 계속 이렇게 팽개쳐 두시는가' 하는 원망이 생길 수 있습니다.

유다 백성들이 이처럼 너무 빨리 실망하게 된 것은 하나님의 계획이라는 전체적인 관점에서 자신들의 문제를 보지 못했기 때문입니다. 그들은 '우리가 성전 공사를 다시 시작했으니 하나님도 밀린 복을 주셔야 한다' 고 생각했습니다. 빨리빨리 복을 주셔서 자신들의 삶을 풍성하게 해 주시기를 바랐습니다.

그러나 이들은 선발대였습니다. 수백만 명, 수천만 명에 이르는 본대가 오기 전에 미리 깃발을 꽂아 놓고 준비해야 할 사람들이었습니다. 그렇다면 본대는 언제 옵니까? 앞으로 400년 뒤입니다. 물론 400년은 짧은 기간이 아닙니다. 그러나 앞으로 이루어질 일의 중요성을 생각하면 그 400년을 기다리며 준비하는 것이 얼마나 영광스러운 일인지 모릅니다.

예를 들어 수십만 명의 군대가 투입되는 사상 최대의 전투가 벌어지려고 하는 지점에 일개 소대가 먼저 들어갔다고 합시다. 그렇다면 그 소대가 해야 할 일이 무엇입니까? 재빨리 진지를 구축해 놓고 매 순간 상황을 파악해서 보고하면서, 본대가 올 때까지 지키고 있는 것입니다. 그들이 해야 할 일은 완벽한 건물을 세우는 것이 아닙니다. 피엑스 갖추고 식당 갖추고 사우나 갖추는 것이 아니에요. 간단한 진지를 구축해 놓고 본대가 올 때까지 대기하기만 하면 됩니다.

유다 백성들은 자신들이 있는 이곳을 중심으로 대대적인 하나님의 작전이 벌어진다는 사실을 몰랐습니다. 수만 대의 비행기가 뜨고 수천 대의 탱크가 몰려오는 굉장한 전쟁이 벌어진다는 것을 몰랐어요. 이 5만 명이 해야 할 일은 재빨리 진지를 구축해 놓고 본대가 올 때까지 대기하는 것이었습니다. 그런데 그들은 자신들이 본대인 줄 알고, 불과 한 달 만에 "왜 변화가 없는 것이냐?" 하면서 회의에 빠져 버렸습니다.

게다가 그들은 비교 대상을 잘못 선택했습니다. 그들은 자신들이 짓고 있는 성전을 과거 솔로몬의 성전과 비교했습니다. "너희 중에 남아 있는 자, 곧 이 전의 이전 영광을 본 자가 누구냐?"(2:3상)

지금 그들이 짓고 있는 성전과 솔로몬 성전은 비교가 될 수 없습니다. 솔로몬 시대는 이스라엘이 남북으로 분열되기 전일 뿐 아니라 가장 막강한 국력을 자랑하던 때입니다. 그때 이스라엘은 전 세계에서 조공을 받고 있었고, 수십만 명의 역군을 일으킬 만한 힘을 가지고 있었습니다. 더구나 다윗이 엄청나게 많은 재료를 미리 준비해 두었습니다. 그러나 지금 이들은 전부 합해도 5만 명밖에 되지 않습니다. 남아 있는 것은 거대한 쓰레기 더미뿐이고, 주변에도 돌덩이 한 개, 쇠붙이 한 조각 제공해 주는 나라가 없습니다. 그런 상태에서 어떻게 솔로몬 성전과 같은 성전을 짓겠다는 것입니까? 그것은 말도 되지 않는 일입니다.

어떤 학자들은 이 성전이 처음 성전과 규모가 같았을 것이라고 추측합니다. 솔로몬 성전의 주춧돌을 파내서 그 위에 성전을 지었을 테니, 재료는 그에 미치지 못해도 규모는 같았으리라는 것입니다. 그러나 저는 그렇게 생각지 않습니다. 지성소나 성소는 겨우 주춧돌을 찾아서 같은 규모로 지었다 해도, 나머지 부분은 똑같이 지을 엄두조차 내지 못했을 것입니다. 일단은 그만한 성전을 지을 만한 재료를 구할 수 없었을 것이기 때문입니다.

솔로몬의 성전이 거대한 궁궐이었다면, 이들이 짓고 있는 성전은 임시막사처럼 초라한 가건물에 불과했습니다. 그러니까 유다 백성들은 성전을 지으면서도 낙담이 될 수밖에 없었습니다. 특히 그들을 더 낙담하게 만든 이들은 예전 성전을 직접 본 노인들이었습니다. 그들은 자꾸 옛날 성전 타령을 하면서 "이건 성전도 아니야. 옛날 성전은 이렇게 초라하지 않았어" 하면서 울었습니다. 그러니까 다른 사람들도 따라서 울 수밖에 없었습니다.

그러나 그들은 비교 대상을 잘못 선택했습니다. 그들이 비교했어야 하는 대상은 성전 자체가 없었던 바벨론 땅입니다. 다윗과 솔로몬에게 이미 밝히신 대로, 하나님은 사람이 만든 집에 거하지 않으십니다. 그럼에도 불구하고 성전을 주신 것은 하나님이 그들과 함께 계시다는 것을 상징적으로 보여 주기 위해서였습니다. 따라서 그들이 바벨론으로 잡혀 간 것은 그들과 하나님의 관계가 끊어졌다는 뜻이었습니다. 그런데 이제 이 선발대를 보내서서 초라하지만 다시 성전을 짓게 하시는 것은 하나님께서 그 언약을 다시 기억하신다는 사실을 보여 줍니다. 그러니까 초라하든 말든 성전을 재건해서 전 세계에 흩어져 있는 이스라엘 자손들과 그들의 영향을 받은 이방인들이 소망을 품고 돌아오게 하는 일에 목적을 두어야지, 예전의 그 화려한 성전을 복원하는 데 목적을 두어서는 안 되는 것입니다.

하나님께서 원하시는 것은 그들이 보기에 만족스러운 성전을 짓는 일이 아닙니다. 하나님의 율법을 배우고 있기는 하지만 언제 그것이 성취될지 모르는 채 막연히 기다리고 있는 사람들에게 '이제 하나님의 새로운 시대가 시작되었다'는 비전을 주고 소망을 주는 성전만 지으면 되는 것입니다.

실제로 이 초라한 성전에서는 이전 성전과 비교할 수 없는 굉장한 일이 일어날 것입니다. "또 너희의 구하는 바 주가 홀연히 그 전에 임하리니, 곧 너희의 사모하는 바 언약의 사자가 임할 것이라"(말 3:1).

이 성전은 솔로몬 성전처럼 단순히 하나님의 통치를 상징하는 장소에 그치지 않을 것입니다. 온 인류가 사모하는 하나님의 아들이 직접 이곳을 방문하실 것입니다. 성령이 이곳에 임하여 온 세상에 들불처럼 퍼져 나갈 것입니다. 그때가 되면 성전은 사라져도 됩니다. 성전은 성령의 불이 임할 때까지만 존재하면 되는 것입니다.

그들은 이 일을 감당하기 위해 보냄받은 선발대였습니다. 그러니 이것이 얼마나 큰 사명입니까? 그들은 전 세계를 위한 선구자였습니다. 그런데도 비교를 잘못하는 바람에 침체에 빠져 버렸습니다. 언약을 잃어서 성전이 없었던 바벨론 시절을 생각하고 앞으로 육신으로 이곳에 임하실 메시아를 생각하는 대신, 화려한 솔로몬의 성전만 생각했기 때문에 불과 한 달 만에 성전 재건을 포기할 마음을 먹었습니다.

눈앞에 닥친 상황만 보는 사람은 두려움에 빠질 수밖에 없습니다. 일이 잘되지 않으면 하나님께서 자신을 버리신 것 같아서 두려워하고, 일이 너무 잘되면 이러다가 타락할 것 같아서 두려워합니다. 그러나 바른 신학이 있으면 이런 쓸데없는 두려움에 빠질 필요가 없습니다.

우리는 맡은 사명이 각자 다릅니다. 그러니까 같은 잣대로 남과 자꾸 비교하면 안 됩니다. 특히 믿지 않는 사람과 자신을 비교하는 사람은 정확하게 하나님의 길을 걸어가고 있으면서도 상황이 좋지 않다고 해서 스스로 포기해 버리는 미련한 짓을 범하기 쉽습니다. 아무리 초라하고 보잘것없어도 나에게 맡겨진 고지를 지켜야 합니다. 400년 동안 고지를 지켜야 할 선발대가 고작 한 달 만에 손을 들어서야 되겠습니까?

하나님의 격려

하나님께서는 침체되어 있는 유다 지도자들과 백성들을 격려해 주십니다. "그러나 나 여호와가 이르노라. 스룹바벨아, 스스로 굳세게 할지어다. 여호사닥의 아들 대제사장 여호수아야, 스스로 굳세게 할지어다. 나 여호와의 말이니라. 이 땅 모든 백성아, 스스로 굳세게 하여 일할지어다. 내가 너희와 함께하노라. 만군의 여호와의 말이니라"(2:4).

하나님께서는 각자의 이름을 부르면서 격려하고 계십니다. 제일 먼저 스룹바벨을 부르면서 굳세게 하라고 하십니다. 그 다음에는 대제사장 여호수아를 부르면서 굳세게 하라고 하십니다. 그리고 그 땅에 있는 모든 백성들을 부르면서 굳세게 하라고 하십니다. 하나님께서 이렇게 강력하게 격려하시는 것은 대단히 예외적인 일입니다.

우리가 이런 정도로 강력한 격려를 찾아볼 수 있는 또 하나의 사례는, 모세가 죽은 후 이스라엘 백성들을 이끌고 가나안 땅을 침공해야 했던 여호수아에게 말씀하신 일입니다. 하나님께서는 여러 차례에 걸쳐 "마음을 강하게 하고 담대히 하라"고 여호수아를 격려해 주셨습니다. 그 이유가 무엇입니까? 지금까지 모세가 해온 일은 아무나 할 수 있는 일이 아니었습니다. 그는 물도 없고 양식도 없는 광야에서 전혀 훈련되지 않은 이스라엘 백성들을 40년 동안이나 이끌었습니다. 그런데 여호수아는 그보다 훨씬 크고 어려운 일을 해야 했습니다.

어떤 의미에서 모세는 잘 참기만 하면 되었습니다. 백성들이 아무리 애를 먹이고 덤벼들어도 꾹 참고 이끌기만 하면 되었던 것입니다. 아무리 불평불만이 하늘을 찔러도 사막 한가운데서 어디로 도망가겠습니까? 백성들은 죽으나 사나 모세만 따라올 수밖에 없었습니다. 그러나 여호수아가 해야 할 일은 참기만 한다고 해결될 일이 아니었습니다. 그는 백성들을 데리고 전쟁을 치러야 했을 뿐 아니라, 한편으로는 농사를 지어서 먹고살아야 했습니다. 그는 바알과도 싸워야 했고, 풍요와 안일과도 싸워야 했습니다. 그것은 만

나만 먹으면서 광야에서 견디는 것보다 훨씬 더 어려운 일이었습니다. 그래서 하나님께서 그토록 강력하게 격려해 주신 것입니다.

바벨론에서 돌아온 유다 백성들도 마찬가지였습니다. 그들이 성전을 짓기 위해 싸워야 할 적은 쓰레기 더미만이 아니었습니다. 그들은 언제, 어느 나라가 공격해 올지 모르는 불안한 상태에서 살고 있었습니다. 솔로몬 때처럼 재료가 풍부하게 준비되어 있을 뿐 아니라, 어느 나라도 감히 공격할 엄두를 못 내던 안정된 상황이 결코 아니었습니다. 쓰레기는 쓰레기대로 치워 가면서, 나무는 나무대로 베어 오면서, 농사는 농사대로 짓고 아이들은 아이들대로 키워 가면서, 그러다가 적이 공격해 오면 전쟁까지 치러 가면서 성전을 지어야 했습니다. 그런 그들에게 하나님께서는 "스스로 굳세게 할지어다"라고 격려하고 계십니다. "강하고 담대하여라. 예전 같은 안일한 생각으로는 이 상황을 견딜 수 없다. 너희는 새로운 도전의 시대에 살고 있기 때문에 훨씬 더 강한 믿음과 용기가 필요하다"고 말씀하고 계십니다.

이렇게 상황이 열악함에도 불구하고, 그들이 하는 일에는 큰 의미가 있었습니다. 이 성전을 짓는 것은 전 세계에 흩어져 있는 하나님의 백성들에게 꿈을 주고 비전을 주고 소망을 주는 일이며, 그들이 돌아올 수 있는 진지를 구축하는 일이었기 때문입니다.

예를 들어 인류 최초로 달에 착륙한 우주인을 생각해 보십시오. 그가 달에 착륙하기까지 얼마나 어려움이 많았겠습니까? 또 아무것도 없는 달에 발을 내딛고 국기를 꽂아 봤자 실제로 이득 될 일이 뭐가 있겠습니까? 그러나 그가 달에 첫발을 내딛은 것은 수많은 과학자들과 청소년들에게 꿈과 희망을 주고 인류의 지평을 넓혀 주는, 지극히 의미 있는 일이었습니다.

바벨론에서 돌아온 유다 백성들도 마찬가지였습니다. 그들은 거대한 쓰레기 더미 앞에 서 있었습니다. 마치 황량한 달에 첫발을 내딛은 것과 같았습니다. 그러나 그들의 일거수일투족은 전 세계에 흩어진 채 하나님을 바라보고 있는 자들에게 힘이 되고 비전이 되고 소망이 된다는 점에서 아주 중요했습니다. 그들은 흩어진 이스라엘 백성들의 희망이었고, 앞으로 돌아올 이방인들의 이정표였습니다. 그러므로 이전처럼 왕국의 보호를 받으면서 남이 다 마련해 준 재료로 안일하게 성전을 지으려 할 것이 아니라, 폭탄이 비 오듯 쏟아지고 물자도 전혀 없는 상황에서 어떻게 해서든지 진지를 구축하고야 말겠다는 선발대의 각오로 성전을 지어야 했습니다.

이것은 오늘날 우리의 상황이기도 합니다. 예전에는 신앙생활하기가 그렇게 복잡하지 않았습니다. 그러나 요즘은 세상이 급변하고 있을 뿐 아니라 아주 복잡해졌습니다. 우리는 마귀의 총알이 빗발처럼 날아드는 한복판에서 신앙생활도 해야 하고 공부도 해야 하고 일도 해야 합니다. 우리는 여호수아처럼 사방에서 덤벼드는 부패한 문화 한복판에서 하나님의 나라를 세우고 있는 중이며, 바벨론에서 돌아온 유다 백성들처럼 거대한 쓰레기를 치워 가면서, 산에 가서 나무 베어 가면서, 그러다가 적군이 쳐들어오면 싸우기도 해 가면서 성전을 짓고 있는 중입니다.

이런 우리에게 하나님께서 하시는 말씀이 무엇입니까? 스스로 굳세게 하라는 것입니다. 약한 마음 먹지 말라는 거예요. 너무 쉽게 포기하지 말라, 너무 쉽게 편안한 삶으로 달려가지 말라는 것입니다. '나는 대단한 싸움에 부름을 받았다' 생각하며 강하고 담대해지라는 것입니다. 우리는 나 한 사람만 생각하면 안 됩니다.

우리 뒤에는 말없이 우리를 지켜보고 있는 수천, 수만 명의 사람들이 있습니다. 그런데 나 하나 편안히 살자고 이 싸움을 포기하는 것은 죄짓는 것입니다.

그렇다면 이 새 성전이 의미하는 바는 무엇입니까? "너희가 애굽에서 나올 때에 내가 너희와 언약한 말과 나의 신이 오히려 너희 중에 머물러 있나니 너희는 두려워하지 말지어다"(2:5).

애굽에서 나온 이스라엘 백성들은 형편없는 오합지졸이었습니다. 그러나 그들에게는 언약의 말씀이 있었습니다. 그것이 그 모든 구원의 역사를 가능케 했습니다. 바벨론에서 나온 이 백성들은 아주 적은 숫자에 불과했습니다. 그러나 하나님께서는 숫자가 중요치 않다고 하십니다. 사람이 필요하면 지금이라도 수백만 명 끌어모으실 수 있다고 하십니다. 참으로 중요한 것은 언약의 말씀입니다. 이것을 가진 자들이야말로 세상의 주도권을 쥐고 있는 자들입니다.

하나님께서는 그들에게 언약의 말씀이 있을 뿐 아니라 "나의 신"도 있다고 말씀하십니다. 솔로몬이 성전을 완성했을 때, 영광의 구름인 '쉐키나'가 그곳을 가득 채웠습니다. 지금 이들에게 그런 구름은 없습니다. 그러나 그보다 더 강력한 성령의 역사가 있습니다. 학개 선지자의 말을 듣고 마음이 뜨겁게 흥분되고 감동되어 하나님을 바라보게 된 것은 눈에 보이는 쉐키나보다 더 강력한 성령의 증거입니다.

구름이 보이지 않아도, 불기둥이 보이지 않아도, 비둘기가 보이지 않아도, 말씀이 내 안 깊숙이 들어와 하나님의 뜻을 깨닫게 하고 있다면, 성령이 내 안에 계신 줄 아십시오. 이러한 성령의 감동이 있다면 아무리 눈에 보이는 결과가 미약해도 두려워하거나 낙심할 필요가 없습니다. 눈에 보이지 않는 곳에서 하나님이 놀라운 일을 하고 계시기 때문입니다. 내 안에 말씀의 역사가 일어나고 있습니까? '아! 하나님이 나와 함께 하시는구나. 그렇다면 내 인생은 결코 실패하지 않는다. 여호와의 신이 나와 함께 계신다'고 믿고 담대하십시오.

앞으로 이루실 엄청난 일

유다 백성들이 이렇게 보잘것없는 작은 성전을 지으면서도 낙심하지 말아야 하는 이유는, 하나님께서 앞으로 이곳에서 엄청난 일을 이루실 것이기 때문입니다. "나 만군의 여호와가 말하노라. 조금 있으면 내가 하늘과 땅과 바다와 육지를 진동시킬 것이요 또한 만국을 진동시킬 것이며 만국의 보배가 이르리니 내가 영광으로 이 전에 충만케 하리라. 만군의 여호와의 말이니라"(2:6-7).

일개 소대가 선발대로 떠나 진지를 구축하고 몇 달 동안 견디면서 본대를 기다립니다. 그러다가 마침내 하늘과 땅과 바다를 진동시키는 대작전이 벌어집니다. 하늘에는 수천 대의 비행기가 뜨고, 바다에는 새카맣게 구축함이 떠오릅니다. 그리고 저만치 탱크가 지축을 울리며 밀고 들어옵니다. 사상 최대의 작전이 벌어지는 그 장면을 보면서 선발대원들은 모두 "해 냈다!"라고 소리칠 것입니다.

지금 소수의 유다 백성들은 아주 초라한 성전을 짓고 있습니다. 거기에는 영광의 구름도 없고 법궤도 없습니다. 그러나 잠시 후면 이곳에서 사상 최대의 작전이 벌어질 것입니다. 하늘도 진동하고 땅도 진동하고 바다도 진동하는 대격변이 일어날 것입니다.

어떤 학자들은 이것을 국제적으로 일어날 큰 변화로 보기도 합니다. '지금 너희는 페르시아의 눈치를 보고 있지만 페르시아는 알렉산더에게 망할 것이다. 그리고 그 나라는 또 다시 분열되었다가 로마로 넘어갈 것이다. 그러니 세상 나라를 겁내지 말라'는 뜻으로 보는 것입니다. 그러나 그것은 만국을 진동시키는 일은 될 수 있어도, 하늘과 땅을 진동시키는 대격변은 될 수가 없습니다.

하늘과 땅과 바다를 진동시킨 대표적인 사건은 출애굽입니다. 지금 하나님께서는 그러한 출애굽의 역사를 다시 일으키겠다고 말씀하십니다. 전 세계에 흩어져 있는 이스라엘 백성들과 그들을 따라올 이방인들까지 전부 구원하려면 모세의 출애굽보다 수십 배, 수백 배 더 큰 구원의 역사가 일어나야 합니다. 사실 전 세계를 뒤엎지 않고서야 어떻게 흩어진 포로들을 전부 모을 수가 있겠습니까?

그러나 이것은 문자적인 출애굽을 의미하지 않습니다. 전 세계에 흩어진 유대인들이 정치적으로 하나가 되어 예루살렘으로 돌아오는 일을 의미하지 않는 것입니다. 이 말씀이 가리키는 것은 그리스도의 십자가 사건입니다. 그리스도의 십자가 사건은 하늘과 땅과 바다를 진동시킨 사상 최대의 작전이었습니다. 인간들은 제대로 느끼지 못했지만 이보다 더 큰 지각변동은 없었습니다.

하나님께서 만국을 진동시키신 후에 무슨 일이 일어난다고 합니까? "만국의 보배"가 이른다고 합니다. "만국의 보배"는 이 세상 모든 사람들이 사모하는 존재를 가리키는 말입니다. 이스라엘 백성들이 왕을 구했을 때, 사무엘은 사울을 만나 "온 이스라엘의 사모하는 자가 누구냐? 너와 네 아비의 온 집이 아니냐?"(삼상 9:20)고 말했습니다. 그때 "사모하는"이라는 말이 여기 나오는 "보배"와 같은 말입니다. 온 세상이 존귀하게 여기며 기다리는 보배가 누구입니까? 우리를 죄에서 건지시는 예수 그리스도십니다.

결국 육신을 입은 그리스도께서 친히 이 성전을 방문하시는 것이 이 성전이 누릴 최고의 영광이 될 것입니다. 육신을 입은 하나님께서 친히 성전에 임하시는 것은 눈에 보이는 구름이 임하는 영광보다 수천 배 수만 배 빛나는 영광입니다.

8절을 보십시오. "은도 내 것이요 금도 내 것이니라. 만군의 여호와의 말이니라."

은도 하나님의 것이고 금도 하나님의 것이기 때문에, 하나님께서 주실 마음만 있으면 얼마든지 주실 수 있습니다. 그런데도 주시지 않는 것은 그것이 필요하지 않을 뿐 아니라 오히려 주었을 때 걸림돌이 되기 때문입니다. 만약 하나님께서 많은 금과 은을 주셨다면 어떻게 되었겠습니까? 솔로몬의 성전처럼 웅장한 성전을 짓고 정치적으로 하나가 되려 했을 것입니다. 그러나 초라한 성전은 성전 자체를 의지하게 하기보다 장차 오실 만국의 보배를 기다리게 함으로써, 이들은 물론 전 세계에 흩어진 모든 백성들의 영성과 믿음을 더 풍성하게 만들 수 있습니다. 신학적으로는 이 보잘것없는 성전이 예전 성전보다 더 중요한 역할을 할 것입니다. "이 전의 나중 영광이 이전 영광보다 더 크리라. 만군의 여호와의 말이니라"(2:9 상).

하나님께서는 "내가 이곳에 평강을 주리라. 만군의 여호와의 말이니라"(2:9 하)고 말씀하시며, 이 소수의 무리에게 '샬롬'을 선포하십니다. 이것은 모든 전쟁이 끝났다는 뜻입니다. 물론 그들이 보기에는 전쟁이 끝나지 않았습니다. 그들은 계속해서 칼을 들고 가족을 지켜야 했으며, 창을 들고 나라를 지켜야 했습니다. 실제로 이 성전은 전쟁을 많이 겪게 됩니다. 시리아 왕 에피파네스는 성전에 돼지 피를 뿌리고 우상 숭배를 강요하며 이를 거부하는 자들을 무참히 죽이기도 했습니다. 히브리서 11장에 나오는 톱에 쓸려 죽은 자들이나 양과 염소의 가죽을 입고 유리했던 자들이 바로 이때 박해받은 사람들로 알려져 있습니다.

그런데도 불구하고 하나님께서 샬롬을 선포하시는 이유가 무엇입니까? 죄인과 죄인 사이에는 전쟁이 계속되겠지만, 하나님과 죄인들 사이의 전쟁은 그리스도 안에서 끝날 것이기 때문입니다. 그리스도 안에서 하나님께 나아오는 자에게는 결코 정죄함이 없습니다. 오늘날 우리들도 갈등과 분쟁 가운데 있는 사람들에게 이 샬롬을 선포할 책임이 있습니다. 이제 전쟁의 시대는 끝났다고 선포할 책임이 있습니다.

오늘 성경이 우리에게 말씀하는 것이 무엇입니까? 우리가 오랫동안 방황하다가 드디어 하나님의 뜻을 찾아 열심히 신앙생활을 하게 되었다 해도, 그 즉시 물리적인 축복이 나타나지 않을 수 있다는 것입니다. 우리는 밀린 축복을 받고 싶어 하지만, 하나님께서는 우리가 시대적인 사명을 깨닫고 많은 사람들에게 소망을 주는 선발대의 역할을 감당하기 원하십니다.

새 시대에는 성령의 역사가 눈에 보이는 쉐키나의 구름으로 나타나지 않습니다. 우리 인식 속에 깊이 역사해서 하나님의 뜻을 깨닫게 하시고 그 뜻을 기뻐하게 하시는 일로 나타납니다. 그렇기 때문에 유다 백성들의 상황에는 아무 변화가 없었는데도 "나의 신이 너희 가운데 있다"고 말씀하신 것입니다. 그들이 한 일이라고는 학개의 설교를 듣고 마음이 뜨거워져서 순종한 것밖에 없었습니다. 그런데 그것이야말로 성령이 그들과 함께 계시다는 가장 강력한 증거였습니다. 내 속에 말씀으로 변화가 일어나고 있습니까? 그렇다면 하나님의 신이 나와 함께하심을 믿으십시오.

오늘날은 솔로몬 때처럼 물자가 다 준비된 상태에서 편하게 성전을 짓는 시대가 아니라, 일도 하고 전쟁도 치르면서 하나님의 나라를 이루어 나가는 전투적인 시대입니다. 그러나 두려워하지 마십시오. 천지를 뒤흔드는 사상 최대의 작전은 이미 성공적으로 끝났으며, 하나님께서는 샬롬을 선포하셨습니다. 우리는 이미 이긴 전쟁에서 싸우고 있기 때문에 힘 있는 자들이나 악한 자들을 두려워할 필요가 없습니다. 그리스도가 우리 왕이십니다. 그의 군사로 끝까지 싸움으로써, 모든 영역에서 그리스도의 주권을 회복시키는 믿음의 성도들이 되시기 바랍니다.

4

거룩한 것과 부정한 것

학개 2:10-14

2:10 다리오 왕 2년 9월 24일에 여호와의 말씀이 선지자 학개에게 임하니라. 가라사대
11 "나 만군의 여호와가 말하노니 너는 제사장에게 율법에 대하여 물어 이르기를
12 '사람이 옷자락에 거룩한 고기를 쌌는데 그 옷자락이 만일 떡에나 국에나
포도주에나 기름에나 다른 식물에 닿았으면 그것이 성물이 되겠느냐?' 하라."
학개가 물으매 제사장들이 대답하여 가로되 "아니니라."
13 학개가 가로되 "시체를 만져서 부정하여진 자가 만일 그것들 중에 하나를 만지면
그것이 부정하겠느냐?" 제사장들이 대답하여 가로되 "부정하겠느니라."
14 이에 학개가 대답하여 가로되 "여호와의 말씀에 '내 앞에서 이 백성이 그러하고
이 나라가 그러하고 그 손의 모든 일도 그러하고 그들이 거기서 드리는 것도
부정하니라.'"

2:10-14

건강은 잘 전염되지 않지만, 질병은 잘 전염됩니다. 건강한 아이 옆에는 하루 종일 붙어 있어도 건강해지지 않지만, 독감 걸린 아이 옆에는 잠시만 붙어 있어도 전염되는 경우가 많습니다. 사실 건강한 사람에게는 병원이 필요 없고 의사도 필요 없습니다. 건강한 사람에게 병원을 짓자고 하면, 다른 할 일도 많은데 왜 하필 병원을 짓느냐고 불평할지도 모릅니다. 그러나 일단 병이 들면 누구나 병원 신세를 지지 않을 수 없습니다.

그렇다면 영혼이 병든 사람에게는 무엇이 필요할까요? 정신병원입니까? 가출한 사람들을 위한 숙소입니까? 이것이 오늘 우리가 풀어야 할 숙제입니다. 우리 사회가 이토록 살기 힘들어진 것은 병든 영혼들의 노폐물이 흘러나와서 사회를 가득 채워 버렸기 때문입니다. 우리나라의 문제는 경제적인 데 있는 것도 아니고 정치적인 데 있는 것도 아닙니다. 너무나 많은 사람들이 영적으로 깊은 중병에 걸려 버린 데 있습니다. 이에 대해 우리는 어떤 대책을 세워야 합니까?

유다 백성들은 70년간의 포로생활에서 돌아와 성전을 재건하고 있었습니다. 그러나 그들은 성전이 필요한 이유를 정확히 몰랐기 때문에, 핑계만 생기면 주저앉으려 했고 포기하려 했습니다. 하나님께서는 유다의 제사장들에게 두 가지 질문을 던짐으로써 성전이 필요한 이유를 깨우치려 하십니다.

거룩한 고기

하나님의 첫 번째 질문은 거룩한 고기에 대한 것이었습니다. "다리오 왕 2년 9월 24일에 여호와의 말씀이 선지자 학개에게 임하니라. 가라사대 '나 만군의 여호와가 말하노니 너는 제사장에게 율법에 대하여 물어 이르기를 사람이 옷자락에 거룩한 고기를 쌌는데 그 옷자락이 만일 떡에나 국에나 포도주에나 기름에나 다른 식물에 닿았으면 그것이 성물이 되겠느냐 하라.' 학개가 물으매 제사장들이 대답하여 가로되 '아니니라'"(2:10-12).

여기에서 "거룩한 고기"란 하나님께 바치는 제물을 가리킵니다. 제물 중에는 사람이 먹을 수 있는 고기와 남김없이 태워서 드려야 하는 고기가 있었습니다. 예를 들어 속죄제로 드린 고기는 전부 태워야 했던 반면, 화목제로 드린 고기는 내장에 붙은 기름만 태우고 나머지는 제사를 드린 백성과 제사장이 나누어 먹을 수 있었습니다. 그런데 그 고기는 거룩한 고기이기 때문에 성전 안에서만 먹어야 했고, 그 고기와 접촉하는 물건은 전부 거룩한 물건이 되었습니다. 여기에서 거룩하다는 것은 하나님께 바쳐졌기 때문에 다른 용도로는 쓸 수 없다는 뜻입니다. 일단 하나님께 바쳐진 것은 다른 용도에 쓸 수 없었고, 쓸모가 없어진 후에는 완전히 폐기해야 했습니다.

지금 하나님께서는 그 거룩한 고기 자체가 아니라 거룩한 고기를 싼 옷이 다른 물건에 닿았을 때에도 그 물건이 성물이 되겠느냐고 묻고 계십니다. 이에 대한 제사장들의 대답은 그렇지 않다는 것입니다.

우리가 가장 먼저 알아야 할 것은 '거룩'의 개념입니다. 거룩하다는 것은 죄가 없는 상태를 가리키는 말로서, 달리 표현하면 영적으로 건강한 것입니다. 하나님께서는 그 개념을 두 가지 방법으로 가르쳐 주셨습니다. 첫째로, 죄를 지은 사람은 하나님 앞에 나아가 죄를 자복하고 짐승의 피를 흘려야 거룩해질 수 있었습니다. 즉, 죄를 용서받고 영혼의 건강을 되찾는 길은 오직 하나님 앞에 나아가 제사를 드리는 일뿐이라는 것입니다. 둘째로, 이 일에 사용되는 물건이나 사람은 전부 기름을 발라서 절대 다른 용도에 사용하지 못하게 했습니다. 그러니까 성전은 다른 일에 쓰일 수 없었고, 제사장도 다른 직업을 가질 수 없었습니다. 제사에 쓰이는 그릇도 깨뜨리면 깨뜨렸지, 절대 사적인 용도에는 쓸 수가 없었습니다. 이처럼 하나님께서는 죄 용서는 오직 하나님의 은혜로 이루어지는 것으로서, 인간적인 방법은 전혀 개입될 수 없음을 보여 주셨습니다.

거룩한 고기에 닿은 것은 성물이 되어도 그 고기를 싼 의복에 닿은 것은 성물이 되지 않는다는 사실이 왜 중요합니까? 이스라엘 백성은 예루살렘이 함락되면서 성전을 잃어버렸습니다. 그것은 하나님 앞에 거룩해질 수 있는 길을 잃어버렸다는 뜻입니다. 이를테면 전쟁의 와중에 병원이 폭격을 받아 사라진 것과 같습니다. 병원이 사라지면 어떻게 됩니까? 병에 걸린 사람들이나 다친 사람들이 그대로 방치되고, 증세가 심한 사람은 목숨까지 잃게 됩니다. 만약 그런 곳에 의사가 한 명이라도 있다면, 일단 천막으로라도 병원을 세우려 할 것입니다.

유다 백성들은 마치 병원 없이 신음하는 환자들과 같았습니다. 성전 없이 병든 영혼들이 여기저기에서 신음하고 있었습니다. 그런데도 그들은 성전이 왜 필요한지 그 이유를 몰랐습니다.

영혼이 병든 대표적인 사람은 노예입니다. 노예에게는 자신의 존귀함을 인식하는 자존감이 없습니다. 모든 것을 남이 시켜서 억지로 할 뿐, 스스로 책임의식을 가지고 하지 않습니다. 감옥에 갇힌 죄수들도 마찬가지입니다. 그들에게는 희망도 없고 의욕도 없습니다. 모든 일을 수동적으로, 강제적으로 할 뿐입니다. 왜 그렇습니까? 자유를 박탈당했기 때문입니다. 유다 백성들도 70년간 포로생활을 하면서 억지로, 강제로 하는 일에 익숙해져 있었습니다. 그래서 영혼의 건강을 되찾아야겠다는 의욕도 없었고, 하나님께 나아가야 할 필요성도 잘 느끼지 못했으며, 조금만 어려움이 닥쳐도 쉽게 포기하고 주저앉으려 했습니다.

건강한 사람의 특징은 자신의 존귀함을 알기 때문에 절대 죄와 손잡지 않는다는 것입니다. 아무리 어려운 일이 닥쳐도 낙심하거나 좌절하지 않는다는 거예요. 자기 자신만 그 어려움을 이겨 내는 것이 아니라 다른 사람들까지 위기에서 건져 낸다는 것입니다. 우리는 사도 바울에게서 그런 모습을 찾아볼 수 있습니다. 그는 죄수의 신분이었지만, 건강한 영혼을 가지고 있었습니다. 그래서 로마로 압송되어 가는 중에 큰 폭풍을 만났을 때에도, 죽을 생각만 하는 다른 사람들을 격려해서 음식을 먹이고 좌초된 배는 버리게 함으로써 모두의 생명을 구해 냈습니다.

　지금 우리 사회가 겪고 있는 혼란은 경제적인 문제 때문에 생긴 것도 아니고 정치적인 문제 때문에 생긴 것도 아닙니다. 우리 사회를 구성하고 있는 사람들 거의 대부분의 마음이 병들어 있고 썩어 있기 때문에 생긴 것입니다. 마음이 병들었기 때문에 돈을 그렇게 좋아하는 것이고, 출세를 위해 수단방법을 가리지 않는 것입니다. 이제는 그 병이 너무 깊어져서 사회가 더 이상 지탱될 수 없을 정도가 되었습니다. 사람들의 영혼에서 흘러나온 진물들이 고여서 우리나라의 정치와 경제와 교육과 문화를 부패시키고 있습니다. 대학이 그렇게 많이 생겼는데도 사회는 정화되지 않고 있습니다. 병원이 그렇게 많이 생겼는데도 사회는 치료되지 않고 있습니다. 이처럼 영혼이 병들면 매사에 노예처럼 살 수밖에 없습니다.

　영혼을 치료할 수 있는 곳은 교회 한 곳뿐입니다. 그런데 교회의 아주 중요한 기능 하나가 고장나는 바람에 그 치료 기능 역시 마비되어 버렸습니다. 이럴 때 하나님께서 던지시는 질문이 "교회만 왔다 갔다 하고 믿음 좋은 사람들과 식사만 같이 한다고 해서 병든 영혼이 치료될 수 있겠느냐?"는 것입니다. 아닙니다. 그런 식의 접촉으로는 치료될 수 없습니다. 그렇다면 도대체 어떻게 해야 치료될 수 있습니까?

　이제 하나님께서는 두 번째 질문을 던지십니다. "학개가 가로되 '시체를 만져서 부정하여진 자가 만일 그것들 중에 하나를 만지면 그것이 부정하겠느냐?' 제사장들이 대답하여 가로되 '부정하겠느니라'"(2:13).

　거룩한 고기가 아니라 시체를 만진 사람이 국을 만진다든지 포도주를 만지면 어떻게 되겠습니까? 제사장들은 그것들도 역시 부정해진다고 대답했습니다. 즉, 거룩한 것은 잘 전염되지 않지만 죄는 작은 접촉으로도 급속히 전염된다는 것입니다. 하나님께서는 "그렇다면 너희 제사장들은 무엇을 해야겠느냐?"고 물으십니다.

여기에서 부정하다는 것은 하나님께서 도저히 용납하실 수 없을 정도로 오염되어 있다는 뜻입니다. 그런데 사람들이 그 개념을 잘 이해하지 못했기 때문에 하나님께서는 음식을 통해 설명해 주셨습니다. 예를 들어 새나 짐승들 중에는 거룩한 것이 있고 부정한 것이 있었습니다. 대체로 사납거나 시끄럽거나 질긴 육식성 동물과 잡식성 동물들은 부정한 부류에 속했고, 온순한 초식성 동물들은 거룩한 부류에 속했습니다. 또 물고기 중에서도 육식성 어류나 썩은 시체를 뜯어 먹는 것들은 부정하다 하시고 지느러미와 비늘이 있는 것은 거룩하다고 하심으로써, 사람 중에도 그 속에 담긴 생각이나 성품에 따라 하나님 앞에 받아들여질 수 있는 자도 있고 받아들여질 수 없는 자도 있음을 보여 주셨습니다.

하나님께서는 연이어 놀라운 말씀을 하고 계십니다. "이에 학개가 대답하여 가로되 '여호와의 말씀에 내 앞에서 이 백성이 그러하고 이 나라가 그러하고 그 손의 모든 일도 그러하고 그들이 거기서 드리는 것도 부정하니라'"(2:14).

한 번 죄로 망한 백성은 쉽게 거룩해지지 않습니다. 유다 백성들도 바벨론에 포로로 잡혀 갔다가 돌아왔다고 해서 저절로 거룩해질 수는 없었습니다. 그들은 이미 오염된 상태, 부정해진 상태에서 돌아왔습니다. 그래서 그들이 접촉하는 모든 것이 오염되고 있었고, 부정해지고 있었으며, 병들고 있었습니다. 그들 가운데에는 거룩한 것보다 부정한 것이 훨씬 더 빨리 퍼지고 있었습니다. 거룩하게 하는 힘보다 부정하게 하는 힘이 훨씬 더 강하기 때문입니다. 그렇다면 그들은 무슨 일을 가장 먼저 해야 합니까? 영혼을 치료받는 일을 가장 먼저 해야 합니다.

우리 사회의 문제를 해결하는 길은 수출 확대에 있지도 않고 과학 기술 개발에 있지도 않습니다. 사회의 문제를 해결하려면 부정한 마음부터 먼저 치료받아야 합니다. 온 백성의 마음이 부정한 것에 전염되어 저마다 편하게 살려 하고 이기적으로 살려 하기 때문에, 사회 전체에 이처럼 썩은 냄새가 진동하고 있는 것입니다.

영혼을 치료받는 유일한 길은 계시의 말씀을 듣는 것입니다. 이 것 외에는 다른 방법이 없습니다. 하나님의 말씀만이 병든 영혼을 치료할 수 있습니다. 그런데 문제는 하나님의 백성들조차 이 말씀을 좋아하지 않는다는 것입니다. 모두들 세상에서 출세하고 성공하기를 좋아하지, 말씀 듣고 치료받기를 좋아하지 않습니다. 그러니까 교회에서부터 은혜가 막혀서 사회가 이러한 중병에 걸리게 된 것입니다.

믿지 않는 사람들은 교회가 대체 뭐 하는 곳인지 모르겠다고 하면서, 교회가 다방보다 많다는 말을 심심찮게 합니다. 삼삼오오 모여앉아 잡담이나 하는 다방과 교회를 어떻게 감히 비교할 수가 있습니까? 그런데 교회의 중요한 기능이 마비되어 버리니까 이런 취급을 받게 된 것입니다. 교회에서 바른 말씀이 선포되면, 우리 영혼의 상태를 제대로 진단받을 수가 있습니다. 하나님의 말씀은 엑스레이와 같아서, 겉은 멀쩡해 보여도 속은 병들어 있는 우리의 실상을 분명하게 보여 줍니다. 그래서 말씀이 선포되면 자기 영혼의 심각한 상태를 깨닫고 "하나님, 나를 도와주소서! 내 영혼을 고쳐 주소서!" 하고 부르짖게 되는 것입니다. 이렇게 바른 말씀을 듣고 영혼의 건강을 되찾으면 가난이나 질병 같은 외적인 어려움은 문제가 되지 않습니다. 어떤 상황에서든지 긍정적으로 반응하고 믿음으로 이겨 낼 수 있습니다. 이런 사람들이 늘어나면 사회가 썩으려야 썩을 수가 없습니다.

그런데 유다 백성들은 그 중요성을 깨닫지 못했습니다. 70년간 노예생활에 젖은 자신들의 모습을 정상적인 것으로 생각하면서 치료받을 생각조차 하지 않았습니다. 성전을 짓고 말씀 들을 생각을 하는 대신, 자기 집 짓고 농사지을 생각만 했습니다. 하나님께서는 그들의 진정한 상태를 보여 주시면서 영혼부터 치료받으라고 말씀하고 계십니다. 그래야 하늘이 열리고 땅이 열린다고 말씀하고 계십니다.

사람 속에 있는 부정한 것

눈에는 보이지 않지만 우리가 접촉하는 곳에는 세균들이 많이 번식하고 있습니다. 그래서 수술을 하는 의사들은 아무리 손이 깨끗해도 다시 씻고 소독을 해야 합니다. 그렇게 하지 않으면 오히려 환자의 상처를 악화시킬 수 있기 때문입니다. 또 괜찮아 보이는 음식에도 대장균이 많아서 복통과 식중독을 일으키는 경우가 종종 있습니다.

그런데 죄는 더더욱 눈에 보이지 않기 때문에 사람들은 별 의식 없이 아무나 만나고 아무 거나 보고 아무 말이나 듣고 아무 데나 갑니다. 그러나 일단 죄에 빠지면 식중독과는 비교할 수도 없는 심각한 영혼의 병에 걸리게 됩니다. 특히 요즘은 텔레비전이나 영화를 통해 무서운 죄의 병균들이 퍼지고 있습니다. 특히 귀신 영화나 음란한 영화에는 무서운 독소가 있어서, 아무리 영혼이 건강한 사람이라도 그런 영화를 한 번 보고 나면 영적인 침체를 면할 수가 없습니다. 또 사람의 말에도 얼마나 독이 많은지 모릅니다. 분노로 내뱉은 말은 사람을 시름시름 앓게 만듭니다. 밥도 못 먹고 잠도 못 자고 눈물만 흘리게 만듭니다.

구약 시대에 하나님께서는 여러 가지 규정을 통해 이런 영적인 독소의 존재를 가르쳐 주셨습니다. 예를 들어 사람의 시체를 만진 자는 부정한 것으로 간주하셨습니다. 눈에는 보이지 않지만 시체에는 많은 병균이 있기 때문입니다. 또 들판에서 저절로 죽은 짐승도 부정한 것으로 여겨 먹지 못하게 하시고, 그런 짐승의 시체를 만진 자도 다른 사람과 접촉하지 못하게 하셨습니다.

이처럼 부정한 것들에 대한 율법의 대책은 격리입니다. 율법은 적극적으로 정결케 할 능력이 없기 때문에, 가능한 한 접촉을 금함으로써 부정한 것의 영향을 줄이려 했습니다. 마치 응급처치만 해 놓고 의사를 기다리는 것과 같았습니다. 예수님은 이것을 근본적으로 치료하기 위해 오신 의사였습니다. 그래서 임시로 금지해 놓고 격리해 놓은 부정한 것들을 드러내고 만져서 고쳐 주셨습니다. 이에 대해 바리새인들은 주님을 맹렬히 비난했습니다. "네가 뭔데 율법을 범하느냐?"고 공격했습니다.

한번은 예수님의 제자들이 손을 씻지 않고 음식을 먹었습니다. 그것은 대단한 비난거리였습니다. 유대인들은 꼭 손을 씻고 음식을 먹었기 때문입니다. 그들은 세균을 씻는다는 위생적인 의미에서가 아니라 죄를 씻는다는 종교적인 의미에서 손을 씻었습니다. 물론 우리도 대중교통을 이용하거나 공중전화를 쓰고 나면 반드시 손을 씻어야 합니다. 사람들이 많이 접촉하는 손잡이나 수화기에는 엄청난 세균이 묻어 있기 때문입니다. 때로는 공중전화 수화기에서 술 냄새가 심하게 날 때도 있습니다. 그럴 때 손을 씻고 이를 닦는 것은 위생적인 이유 때문입니다. 그러나 유대인들은 죄를 털어 내기 위해 손을 씻었습니다. 사실 우리 영혼을 더럽히는 것은 위생적으로 불결한 그런 것들이 아닙니다. 버스 손잡이나 공중전화기가 우리 영혼을 더럽히는 것이 아니라, 짧은 치마 입고 가는 여자들을 힐끔힐끔 쳐다보거나 노출이 심한 영화 포스터를 훔쳐 보는 것이 우리 영혼을 더럽히는 것입니다.

많은 사람들이 IMF 이후에 직장을 잃었다고 탄식하고 있습니다. 많은 청소년들이 입시제도가 너무 복잡해서 대학 들어가기가 어렵다고 탄식하고 있습니다. 많은 사업가들이 수출하기가 힘들어서 회사 문을 닫게 생겼다고 탄식하고 있습니다. 그러나 이 모든 어려움은 우리의 영혼이 병든 결과로 나타난 증상들에 불과합니다. 영혼이 병들면 남을 사랑하지 않게 될 뿐 아니라 극단적으로 이기적인 행동을 하게 되고, 그 결과 모든 사람들이 살기 어려워지게 됩니다. 이것은 경기부양책이나 새로운 입시정책으로 해결할 수 있는 일이 아닙니다. 이것을 해결할 수 있는 길은 영혼을 치료하는 것뿐입니다.

우리 영혼은 썩은 하수구와 같습니다. 시도 때도 없이 썩은 물이 솟아나옵니다. 이것은 손을 씻는다고 해서 해결될 문제도 아니고, 이런저런 정책을 세운다고 해서 해결될 문제도 아닙니다. 바리새인들이 "당신은 어떻게 제자들을 가르쳤기에 손도 씻지 않고 음식을 먹는 거요?"라고 공격했을 때, 예수님은 사람의 입으로 들어가는 것이 더러운 것이 아니라 사람의 속에서 나오는 것이 더러운 것이라고 말씀하셨습니다. 즉, 비위생적인 것이 사람을 더럽히는 것이 아니라 마음에서 끊임없이 솟아나오는 욕망과 악한 생각과 더러운 충동들이 사람을 더럽힌다는 것입니다. 예수님은 문제의 핵심을 정확히 지적하셨습니다.

정한 것과 부정한 것을 나누는 율법의 규정은 우리의 영혼도 불결한 것에 오염될 수 있음을 간접적으로 보여 주고 있습니다. 율법의 목적은 외부의 더럽고 악한 자극을 일시적으로 차단함으로써 죄가 더 퍼지지 않게 하는 것입니다. 그래서 율법은 대단히 소극적입니다. 이것도 하지 말라고 하고, 저것도 하지 말라고 합니다. 그나마 가만히 있는 것이 가장 죄를 덜 짓는 길이기 때문입니다.

그러나 예수님께서 오신 목적은 무엇입니까? 우리 속에 있는 죄성을 근본적으로 치료해서 건강하게 만드는 것입니다. 바벨론에서 돌아온 유다 백성들은 그 일을 준비하는 선발대였습니다. 그들은 무너진 성전을 재건함으로써, 얼마 지나지 않아 약속하신 영혼의 의사가 오신다는 것을 온 세상 사람들에게 알려야 할 의무가 있었습니다.

중요한 것은 그 영혼의 의사가 지금 우리 가운데 계시며, 말씀으로 우리를 치료하고 계신다는 사실입니다. 우리는 그것을 증명해서 보여 주어야 합니다. 죄나 분노로 인생을 망쳤던 사람도 말씀만 들으면 치료받을 수 있습니다. 그리고 그렇게 영혼이 건강해진 사람은 황무지도 옥토로 바꾸어 놓을 수 있습니다.

지금 우리나라는 썩을 대로 썩어 있습니다. 이런 상황에서 형식적인 예배 몇 번 드리는 것만으로는 병든 영혼을 치료받을 수 없습니다. 예수님 앞에 나아가 복음의 대수술을 받아야 합니다. 자기 생각과 감정과 욕심과 모든 과거를 내놓고 말씀으로 대수술을 받아야 해요. 기독교 문화나 기독교 사회윤리로는 병든 영혼, 병든 사회를 치료할 수 없습니다. 그런 것들은 복음의 부산물이지,

근본적인 치료책이 아닙니다. 근본적인 치료책은 복음뿐입니다.

그동안 사람들은 먹고사는 문제와 자녀들의 교육 문제에 급급한 나머지, 또 교회는 교회대로 성장에 급급한 나머지, 가장 중요한 말씀을 소홀히 했습니다. 그 결과, 죄가 급속도로 퍼져서 사회전체가 중병에 걸리고 말았습니다. 그러나 지금도 늦지 않았습니다. 우리만 정신을 차리고 다시 말씀을 붙들면 얼마든지 고칠 수 있습니다.

왜 성전을 먼저 지어야 하는가?

하나님께서 이처럼 거룩한 것과 부정한 것에 대해 질문을 던지시는 것은 '너희가 부정한 손으로 성전을 짓고 있기 때문에 이 일은 의미가 없다' 는 뜻이 아닙니다. 이 말씀을 하신 날은 다리오왕 2년 9월 24일로서, 유다 백성들이 성전 건축을 재개한 지 꼭 석 달이 되는 날이었습니다. 그들은 자기들 나름대로 열심히 제사를 드리고 예물을 바치고 있는데도 불구하고 하나님의 축복이 임하지 않는 이유를 이해할 수가 없었습니다. 그러나 하나님께서는 눈에 보이는 성전에서 형식적인 제사를 드리는 것만으로는 거룩해질 수 없다고 말씀하십니다. 거룩한 고기를 쌌던 의복에 접촉했다고 해서 거룩해질 수는 없다는 것입니다.

그들이 정말 해야 할 일은 이 성전을 통해 장차 오실 그리스도를 기다리는 것입니다. 성전이 아니라 성전의 실체이신 그리스도를 바라보는 것입니다. 그러면 시간을 초월하시는 그리스도께서 그들의 예배에 임하셔서 은혜를 주시고 모든 죄를 사하여 주실 뿐 아니라 이 거대한 쓰레기 더미 같은 예루살렘을 온 세상에 비전과 소망을 주는 곳으로 바꾸어 주실 것입니다.

믿음으로 예배드리는 자의 특징이 무엇입니까? 세상이 아무리 살기 힘들어도 두려워하지 않는 것입니다. 아무리 세상이 쓰레기장으로 변해 있어도 낙심하지 않는 것입니다. 그는 영혼이 건강하기 때문에 언제든지 하나님으로부터 새로운 능력과 재료를 공급받을 수 있습니다. 그러므로 자신만 쓰러지지 않는 것이 아니라 세상에도 비전과 소망을 줄 수 있습니다. 예수를 믿는 우리들이야말로 이 시대의 비전이요 소망입니다.

성전이 유다 백성들에게 해 주는 일이 무엇입니까? 그들의 마음속에 믿음을 불러일으켜서 죄 사함을 받게 하고 그리스도를 더욱 갈망하게 하는 것입니다. 그래야 하나님의 은혜와 축복을 받을 수 있습니다. 그들은 병든 영혼과 부정한 손으로 열심히 농사짓고 열심히 자식들을 키웠습니다. 그러나 그 결과는 너무나 형편없었습니다. 그들이 참으로 하나님의 은혜와 축복을 받으려면 영혼의 치료부터 받아야 했습니다.

형식적인 예배는 사람을 살리지 못합니다. 우리가 진정으로 살아나려면 말씀의 수술을 받아야 합니다. 정확하게 선포되는 말씀 앞에 자를 것은 자르고 끊을 것은 끊는 대수술을 받아야 합니다. 말씀에 모든 것을 걸고 부르짖으며 긍휼을 간구해야 우리도 살 수 있고 세상도 살 수 있습니다. 이런 참된 예배만이 우리를 거룩하게 만들 수 있습니다.

그동안 우리는 이 사회가 얼마나 죄로 오염되어 있으며, 자신의 영혼이 얼마나 병들어 있는지 모른 채 살아왔습니다. 그렇게 병든 영혼으로 공부를 하니까 열매가 없었고, 그렇게 병든 마음으로 장사를 하니까 열매가 없었던 것입니다. 오늘 하나님께서는 그 병든 마음으로 자꾸 다른 일을 할 것이 아니라 성전부터 세워서 바른 예배를 드리라고 하십니다.

우리가 세워야 할 성전이 무엇입니까? 신령과 진정으로 예배드리는 공동체입니다. 주님은 "두세 사람이 내 이름으로 모인 곳에는 나도 그들 중에 있느니라"(마 18:20)고 말씀하셨습니다. 우리가 신실하게 말씀을 듣고 그 말씀을 절대적으로 신뢰할 때, 하나님께서는 이 황폐한 세상을 옥토로 바꾸고도 남을 성령과 은혜를 부어 주실 것입니다. 예배를 마칠 때마다 "아들아, 네 죄 사함을 받았느니라!", "딸아, 네 믿음이 너를 구원하였느니라!"라는 놀라운 치유의 선언을 들려 주실 것입니다.

진정한 성전인 믿음의 공동체만이 이 혼란한 시대의 문제들을 풀 수 있는 열쇠입니다. 하나님의 말씀이 선포되는 공동체, 신실한 믿음으로 모이는 공동체만이 홍해를 가르는 능력과 축복의 열쇠입니다. 우리는 이것을 모른 채 부정한 손으로 이것저것 만지려고 할 때가 너무 많습니다. 그 결과가 무엇입니까? 만지는 것마다 부정해지는 것입니다. 우리는 하루에도 얼마나 많은 죄를 지으며, 얼마나 많은 사람에게 상처를 입히는지 모릅니다. 그러나 성령께서는 능히 모든 죄와 악한 생각을 치료하셔서 우리를 정결하게 하실 수 있습니다. 몇 사람이라도 진정으로 하나님의 말씀을 사모하는 자들, 진정으로 하나님 앞에서 정결케 되기를 원하는 자들이 모이는 그곳에서 생명의 역사, 치유의 역사는 시작됩니다.

사실 이런 공동체를 세우는 것은 대단히 어려운 일입니다. 일단 바른 말씀을 전하는 사람을 찾기가 어렵습니다. 그뿐 아니라 모든 구성원들이 죄의 가공할 위력을 깨닫고 말씀에 신실하게 헌신해야 하며, 서로 정직하게 대해야 합니다. 아간처럼 죄를 숨기고 있어서도 안 되고, 아나니아와 삽비라처럼 돈으로 영향을 끼치려 해서도 안 됩니다. 사람의 영혼이 치료되는 역사는 진정으로 하나님의 은혜를 사모하며 하나님의 축복만으로 살려 하는 사람들이 모일 때 일어납니다.

사람들이 그토록 몸부림을 치는데도 열매가 적은 이유가 무엇입니까? 부정한 손으로 일을 하기 때문입니다. 그러므로 우리가 해야 할 일은 이런저런 시도를 하기 전에, 하나님의 순수한 말씀이 역사하는 공동체부터 세우는 것입니다. 그러면 우리의 병든 마음이 치료되면서 감사와 기쁨이 흘러나오고, 우리의 모든 삶이 의미를 가지기 시작합니다. 생명의 역사는 성전에서 흘러나오게 되어 있습니다. 이 성전에서 생명의 강물이 흘러나와 죽음의 바다로 들어갈 때 물고기들이 살아나기 시작하며 생명나무 열매가 맺히기 시작할 것입니다.

이 시대를 살리고 싶습니까? 그렇다면 말씀을 선택하십시오. 이 나라를 진정으로 사랑합니까? 그렇다면 참 성전, 위선적이지 않은 신실한 공동체부터 세우십시오. 그러면 쓸데없는 데 시간을 낭비하지 않게 될 것이고, 의미 없는 일로 방황하지 않게 될 것이며, 이 사회 또한 젖과 꿀이 흐르는 땅으로 변화되는 역사가 일어날 것입니다.

5

———

축복의 회복

학개 2:15-23

2:15 "이제 청컨대 너희는 오늘부터 이전, 곧 여호와의 전에 돌이 돌 위에 첩놓이지 않았던 때를 추억하라.

16 그때에는 20석 곡식 더미에 이른즉 10석뿐이었고 포도즙 틀에 50그릇을 길으려 이른즉 20그릇뿐이었었느니라.

17 나 만군의 여호와가 말하노라. 내가 너희 손으로 지은 모든 일에 폭풍과 곰팡과 우박으로 쳤으나 너희가 내게로 돌이키지 아니하였었느니라.

18 너희는 오늘부터 이전을 추억하여 보라. 9월 24일, 곧 여호와의 전 지대를 쌓던 날부터 추억하여 보라.

19 곡식 종자가 오히려 창고에 있느냐? 포도나무, 무화과나무, 석류나무, 감람나무에 열매가 맺지 못하였었느니라. 그러나 오늘부터는 내가 너희에게 복을 주리라."

20 그달 24일에 여호와의 말씀이 다시 학개에게 임하니라. 가라사대

21 "너는 유다 총독 스룹바벨에게 고하여 이르라. 내가 하늘과 땅을 진동시킬 것이요

22 열국의 보좌를 엎을 것이요 열방의 세력을 멸할 것이요 그 병거들과 그 탄 자를 엎드러뜨리리니 말과 그 탄 자가 각각 그 동무의 칼에 엎드러지리라.

23 나 만군의 여호와가 말하노라. 스알디엘의 아들 내 종 스룹바벨아, 나 여호와가 말하노라. 그날에 내가 너를 취하고 너로 인을 삼으리니 이는 내가 너를 택하였음이니라. 만군의 여호와의 말이니라."

2:15–23

어떤 사람이 큰 병에 걸려서 대수술을 받았습니다. 그런데 의사는 수술이 아주 성공적이어서, 곧 건강을 회복할 것이라고 말했습니다. 그러나 아무리 수술이 성공적이었다 해도 바로 다음날부터 자리를 털고 일어나 활동할 수 있는 것은 아닙니다. 건강을 완전히 회복하려면 상당 기간 동안 쉬면서 몸을 추스르는 기간을 보내야 합니다. 수술이 잘되었다고 해서 바로 다음날부터 일하러 나가거나 중노동을 시작한다면, 금방 다시 쓰러져서 전보다 심각한 상태에 빠질 것이며 최악의 경우에는 목숨까지 잃게 될 것입니다.

이런 회복기간은 신앙생활에도 꼭 필요합니다. 하나님께서는 자기 백성들이 타락해서 세상으로 떠날 때 매를 들어 치십니다. 건강을 빼앗아 가시기도 하고 재산을 빼앗아 가시기도 합니다. 그런 고난들은 그들이 어쩔 수 없는 하나님의 백성임을 보여 주는 증표입니다. 그런데 그들이 회개하고 돌아왔다고 해서 바로 다음날부터 축복이 쏟아지는 것은 아닙니다. 왜 그렇습니까? 영적으로 회복되는 기간이 필요하기 때문입니다. 조용히 하나님 앞에서 자신을 돌이켜보며 그동안 입었던 마음의 상처를 치료받는 기간이 필요하기 때문입니다. 만약 하나님께로 돌아왔다고 해서 바로 그 순간부터 모든 것을 되돌려 주신다면 금방 세상으로 돌아가 버릴 것입니다. 오히려 그동안 잃은 것들까지 보충하려는 욕심 때문에 전보다 더 상태가 악화될 수도 있습니다. 그래서 하나님께서는 작정한 때가 될 때까지 상당한 기간 동안 어려움 가운데 내버려 두시면서, 그 심령부터 회복시키고자 하시는 것입니다.

오늘 본문이 말씀하는 바가 바로 그것입니다. 하나님께서는 유다 백성들이 바벨론에서 돌아왔다고 해서 곧바로 축복하시지 않았습니다. 그들이 처음에 성전을 짓기 시작했을 때에도 축복하시지 않았고, 학개의 설교에 은혜를 받아 중단했던 공사를 재개했을 때에도 축복하시지 않았습니다. 하나님께서 축복하시기 시작한 때는 9월 24일이었습니다. 그것은 공사를 재개한 지 석 달이 지난 후였습니다. 이 석 달은 그들에게 영적인 회복기간이었습니다.

과거를 추억하라

하나님께서는 유다 백성들에게 과거를 추억하라고 하십니다. "이제 청컨대 너희는 오늘부터 이전, 곧 여호와의 전에 돌이 돌 위에 첩놓이지 않았던 때를 추억하라. 그때에는 20석 곡식 더미에 이른즉 10석뿐이었고 포도즙 틀에 50그릇을 길으려 이른즉 20그릇뿐이었었느니라"(2:15-16).

오랫동안 타성에 젖어 있는 사람들의 특징은 시간감각이 없다는 것입니다. 장기간 병석에 누워 있거나 감옥에서 종신형을 살고 있는 사람들은 오늘이 며칠이고 무슨 요일인지 큰 관심이 없습니다. 그저 하루하루 살아갈 뿐입니다. 유다 백성들도 바벨론에서 오랫동안 포로생활을 하면서 타성에 젖었던 것 같습니다. 그래서 성전 재건이 중단된 지 15년이 지나도록 별 답답함을 느끼지 못한 채 살았고, 공사를 재개한 후에도 마치 일당을 받는 노동자들처럼 공사 진척 상황에 별 관심이 없었던 것으로 보입니다.

하나님께서는 이런 그들에게 과거를 추억해 보라고 말씀하십니다. 지난날 그들이 행했던 일과 그 결과를 자세히 검토해 보라는 것입니다. "여호와의 전에 돌이 돌 위에 첩놓이지 않았던 때"가 언제입니까? 이것은 바벨론에서 포로생활 하던 때를 가리키는 말이 아닙니다. 포로생활에서 돌아온 후 성전 재건을 중단하고 있었던 15년과 성전 건축을 재개한 후에도 지대를 놓지 못했던 석 달의 기간을 가리키는 말입니다. 그동안 하나님께서는 그들을 축복하시지 않았습니다. 그들은 노력의 절반에도 미치지 못하는 결과를 얻었습니다.

그런데 하나님께서는 9월 24일부터 그들을 축복하겠다고 말씀하십니다. "너희는 오늘부터 이전을 추억하여 보라. 9월 24일, 곧 여호와의 전 지대를 쌓던 날부터 추억하여 보라"(2:18).

9월 24일은 쓰레기 더미를 치우고 성전 지대를 놓음으로써 본격적인 공사를 시작한 날입니다. 하나님께서는 이때부터 비로소 복을 주겠다고 말씀하십니다. 그러니까 그들은 이날까지 성전을 짓는다고 하면서도 기초조차 놓지 못하고 있었던 것입니다.

17절을 보십시오. "나 만군의 여호와가 말하노라. 내가 너희 손으로 지은 모든 일에 폭풍과 곰팡과 우박으로 쳤으나 너희가 내게로 돌이키지 아니하였었느니라."

유다 백성들은 바벨론에서 돌아옴으로써 정상적인 신앙을 되찾았다고 생각했습니다. 그러나 하나님께서는 그들의 몸만 돌아왔을 뿐 마음은 여전히 돌아오지 않은 것으로 여기셨습니다. 그 증거가 무엇입니까? 하나님의 성전은 황폐하게 방치해 둔 채 자기들의 집을 짓고 꾸미는 일에만 분주했던 것입니다. 또한 하나님께서는 15년이 지난 후에 학개의 설교를 듣고 공사를 재개했을 때에도 진심으로 회개한 것으로 여기시지 않았습니다.

그렇다면 언제 그들의 마음이 진짜 하나님께로 돌아왔습니까? 성전 지대를 놓은 날, 그들이 입으로만 말하던 것을 행동으로 옮긴 그날입니다. 하나님께서는 바로 그날, 백성들이 참으로 돌아온 것으로 여겨서 하늘 문을 열어 은혜를 회복시켜 주시기 시작했습니다.

세례 요한은 이것을 "회개에 합당한 열매"(마 3:8)라는 말로 표현했습니다. 식물들 중에도 꽃은 피지만 열매는 맺지 않는 것들이 있듯이, 사람들의 말 중에도 행동으로 옮겨지지 않는 것들이 아주 많이 있습니다. 유다 백성들이 머리로만 생각하던 것을 행동으로 옮기기까지 무려 15년 3개월이 걸렸습니다. 그리고 그때부터 비로소 하나님의 축복이 그들에게 임하기 시작했습니다.

누가복음 17장에는 열 명의 문둥병자 이야기가 나옵니다. 그들은 예수님의 소문을 듣고 그분을 만나기 위해 기다렸습니다. 그들의 마음은 무서운 병 때문에 가난해져 있었고, 주님이 무엇을 명하시든지 순종할 준비가 되어 있었습니다. 그래서 제사장에게 가서 몸을 보이라고 하시는 말씀을 믿고 그대로 따랐습니다. 그런데 제사장을 찾아가는 도중에 병이 낫자, 그만 마음이 바뀌고 말았습니다. 그들 중에 아홉 명은 한시라도 빨리 사회로 복귀해서 그동안 잃어버렸던 인간관계나 누리지 못했던 것들을 누리고 싶어서 세상으로 달려가 버렸습니다. 오직 사마리아인 한 명만이 다시 돌아와 하나님께 영광을 돌림으로써, 죄 사함을 받고 하나님의 자녀가 되는 특권을 누렸을 뿐입니다.

처음에는 열 명 모두 믿음을 가지고 있었습니다. 열 명 모두 예수님께 나아가면 병이 나을 것을 믿었어요. 그런데 아홉 명은 그 이상의 믿음으로 나아가지 못하고 세상으로 돌아가 버렸습니다. 왜 그렇습니까? 무서운 병 때문에 일시적으로 마음이 가난해지기는 했지만, 근본적으로 하나님께 돌아온 것은 아니었기 때문입니다. 유다 백성들도 바벨론에서 포로생활을 할 동안에는 마음이 가난해져서, 예루살렘으로 돌아가기만 하면 하나님을 최우선적으로 섬기면서 신앙생활을 잘해 보겠다고 생각했습니다. 그런데 막상 돌아와 보니 생각대로 되지 않았습니다. 그래서 성전은 폐허로 방치해 둔 채, 자신들의 집을 짓는 일과 먹고사는 일에 열중했습니다. 그러면서도 아무 문제의식을 느끼지 못했습니다.

그래서 하나님이 하신 일이 무엇입니까? 곡식 20석을 기대하고 추수를 하면 10석밖에 얻지 못하고, 포도주 50그릇을 기대하고 포도를 밟으면 20그릇밖에 얻지 못하게 하신 것입니다. 그들이 성전 건축을 재개했을 때에도 이런 상황은 바뀌지 않았습니다. 그들은 종자마저 다 먹어 버릴 정도로 심한 어려움을 겪었습니다. 하나님께서는 이 모든 일을 추억하며 생각해 보라는 것입니다.

하나님을 생각이나 입으로만 믿어서는 안 됩니다. 행동으로 옮겨야 합니다. 하나님께서는 유다 백성들이 성전 지대를 놓았을 때에야 비로소 그들이 진정으로 돌아온 것으로 여겨서 축복을 내려 주셨습니다. 머리로만 '열심히 기도해야지' 하는 것은 아무 소용이 없습니다. 실제로 하나님 앞에 나아가 무릎을 꿇고 기도해야 합니다. 입으로만 "하나님께 순종해야지" 하는 것은 아무 소용이 없습니다. 실제로 하나님이 기대하시는 바를 행동으로 옮겨야 합니다. 그러면 모든 것이 달라지기 시작합니다. 그 전까지는 아무리 열심히 농사를 지어도 수확이 형편없습니다. 그러나 성전 지대를 딱 놓고 나면 하늘이 열리기 시작하고 땅도 열리기 시작합니다.

15년 3개월은 유다 백성들의 회복기간이었습니다. 그들의 불신앙이 치료되는 기간이었으며, 수술의 후유증이 치료되는 기간이었고, 타성에 젖어 있던 신앙이 치료되는 기간이었습니다. 그들은 그 기간이 지난 후에야 자발적으로 하나님을 사랑하는 자들이 되었습니다.

복을 속히 회복시키시지 않은 이유

하나님께서는 왜 복을 속히 회복시켜 주지 않으셨습니까? "곡식 종자가 오히려 창고에 있느냐? 포도나무, 무화과나무, 석류나무, 감람나무에 열매가 맺지 못하였었느니라. 그러나 오늘부터는 내가 너희에게 복을 주리라"(2:19).

유다 백성들이 그렇게도 고대했던 예루살렘으로 돌아왔건만, 하나님의 축복은 임하지 않았습니다. 성전 재건을 시작했는데도 축복은 임하지 않았습니다. 하나님께서는 성전 지대를 놓은 9월 24일부터 비로소 복을 주시겠다고 말씀하십니다. 그 이유가 무엇입니까?

이미 살펴보았듯이 첫째 이유는 우리의 신앙을 더 확실히 붙들어 주시려는 데 있습니다. 사람은 어려운 상황에 처하면 마음이 가난해지게 되어 있습니다. 그래서 누구라도 당장 다급한 일이 생기면 기도할 생각을 하게 마련입니다. 본인이 위기에 처하거나 가족 중에 한 사람이 위급한 병에 걸리면, 누구라도 일시적으로 마음이 가난해져서 하나님께 매달리려 하고 다른 사람들에게도 기도를 부탁합니다. 그러나 그 어려움만 해결되고 나면 다시 마음이 교만해져서 더 이상 하나님을 붙들려 하지 않습니다.

그래서 하나님은 어떻게 하십니까? 그 사람을 한 번 더 밀어붙이십니다. 상황을 좀더 어렵게 만들어서 마음만 일시적으로 가난해지는 것이 아니라 실제로 말씀을 듣는 자리까지 나아가게 만드십니다. 그래서 우리가 기도하는데도 곧바로 응답하시지 않는 것입니다.

어려움은 우리를 일시적으로 겸손하게 만들 수 있고, 기도하게 만들 수 있습니다. 그러나 믿음을 갖게 하지는 못합니다. 믿음은 들음에서만 나옵니다. 그래서 우리를 확실한 자기 백성으로 만드시기 위해 어려운 상황을 좀더 연장시키면서 결국은 말씀을 듣는 자리로 몰아넣으시고, 믿음을 갖게 하시는 것입니다. 그러다가 마침내 성전 지대를 놓는 것을 보실 때, 이제는 축복하셔도 세상으로 되돌아가지 않을 것이 확실해졌을 때에야 비로소 축복하기 시작하십니다.

물론 우리 생각은 다릅니다. "하나님, 저를 믿어 주세요. 꼭 9월 24일까지 미루실 필요가 뭐가 있습니까? 지금이 9월 8일인데, 저를 믿고 선불로 이 문제 좀 해결해 주십시오. 저, 정말로 변했습니다. 한번 믿어 보시라니까요!" 그래서 복을 주시면 어떻게 합니까? 뒤도 돌아보지 않고 세상으로 달려가 버립니다. 그것을 아시기 때문에 곧바로 회복시켜 주지 않으시고, 진짜 믿음이 생길 때까지, 복을 주어도 세상으로 돌아가지 않을 것이 확실해질 때까지 기다리시는 것입니다.

우리는 원래 이 세상에서 태어나 이 세상에서 자라난 사람들이기 때문에 세상을 좋아할 수밖에 없습니다. 물론 예수님은 세상을 좋아하지 않으셨습니다. 그는 하늘에서 오신 분이었기 때문입니다. 세상에서 아무리 좋은 것도 그가 보시기에는 보잘것이 없었습니다. 그러나 우리는 다릅니다. 우리는 돈이 좋고, 노는 게 좋고, 남 욕하는 게 좋고, 남에게 인정받는 게 좋습니다. 하나님께 기도하기보다는 사람 만나서 이야기하는 편이 훨씬 더 좋아요. 우리는 이 세상에서 태어나고 자란 사람들이기 때문입니다. 아무리 미국에서 오래 살았어도 한국 사람한테는 김치가 맛있고 된장 냄새가 구수한 것과 같습니다. 한국 사람은 아무리 영어를 잘해도, 오로지 영어만 쓰면서 살라고 하면 스트레스 받게 되어 있어요. 인간은 믿음이 덜 생긴 상태에서 세상적인 복을 받으면 그 즉시 하나님 나라의 복을 걷어차 버리고 세상으로 달려가게 되어 있습니다.

그래서 하나님께서는 우리가 말씀 듣고 변화된 것이 확인될 때까지 복을 주시지 않을 뿐 아니라, 혹 복을 주셔도 절대 은혜의 끈을 끊고 세상으로 달려갈 정도로 완벽하게 주시지 않고 꼭 안전장치를 달아 놓으십니다. 예를 들어 건강을 회복시켜 주셔도 혈압은 그대로 내버려 두어서 방종하는 즉시 올라가게 하시는 식으로, 무언가 중요한 부분을 부족하게 만들어서 우리 마음대로 세상으로 달려가지 못하게 하시는 것입니다.

사도 바울에게도 육체의 가시가 있었습니다. 다른 사람들을 시험 들게 만들 정도로 치명적인 병이 있었어요. 그것 때문에 얼마나 침체되고 힘들었으면 "사단의 사자"라고까지 불렀겠습니까?

그러나 주님께서는 그가 세 번씩이나 간절히 기도했음에도 불구하고 그 병을 고쳐 주지 않으셨습니다. 그가 교만해질까 염려하셨기 때문입니다. "너 이거 없어지면 교만해진다. 이 병 낫고 지옥 갈래, 이 병 가지고 천국 갈래?" 주님께서는 아무리 바울 같은 사람이라도 모든 것이 완벽하게 회복되면 금방 교만해져서 은혜의 끈을 놓쳐 버릴 것을 아셨기 때문에, 어느 정도 약한 부분을 남겨 놓으셨습니다. 그리고 교만해지려 할 때마다 그 약한 부분을 잡아 당겨서 다시금 주님 앞에 무릎을 꿇게 하셨습니다.

스펄전은 굉장히 탁월한 설교자였습니다. 그의 머릿속에는 성경적인 지식과 자연에서 얻은 감각들이 살아서 움직이고 있었습니다. 그러나 그는 대학을 나오지 않았기 때문에 세상적으로 내세울 것이 없었습니다. 게다가 통풍으로 엄청난 고통을 겪었습니다. 발작이 일어날 때마다 지옥 문턱까지 갔다 오는 듯한 고통을 겪었고, 결국에는 그 통풍 때문에 죽음을 맞이했습니다. 그런 약한 부분이 있었기 때문에 그토록 탁월한 사역을 하면서도 믿음을 지킬 수 있었던 것입니다.

하나님께서 나를 완전히 회복시켜 주시지 않는 것은 그분의 능력이 부족하기 때문이 아니라, 상황만 좋아지면 고개를 쳐드는 나의 교만 때문입니다. 하나님은 어떤 경우에도 자기 백성을 빼앗기지 않으려 하십니다.

또한 하나님께서는 우리의 축복이 구원에 대한 선물이 되고 은혜가 되기를 바라십니다. 만약 유다 백성들이 성전 재건을 시작한 직후에 축복하셨다면 '아! 우리 노력의 대가구나'라고 생각하면서, 그 복을 사랑의 결과가 아니라 거래의 결과로 생각했을 것입니다. 그러면 하나님께 감사할 이유가 없어집니다. 받을 것을 받았다고 생각하기 때문입니다. 그러나 하나님의 은혜는 거래로 받는 것이 아니라 순전히 선물로 받는 것입니다. 하나님께서는 그것을 깨우치기 위해 석 달 동안 축복을 유보하셨습니다.

때로는 자질이 부족한데도 하나님께서 크게 쓰시는 사람들이 있습니다. 하나님이 원하시면, 아무리 됨됨이가 부족한 사람도 얼마든지 크게 쓰실 수 있습니다. 그렇기 때문에 우리는 누가 크게 쓰이거나 작게 쓰이는 것 자체를 놓고 비교하며 불평하면 안 됩니다. 물론 인격이 준비되지 않은 상태에서 크게 쓰이는 것은 본인 자신에게 큰 불행입니다. 왜냐하면 그가 한 일이 그의 믿음을 나타내 주지 못하기 때문입니다. 가장 좋은 것은 내 믿음의 분량만큼만 복 받는 것입니다.

나는 전심으로 하나님을 믿고 사랑하는데 축복이 더디 옵니까? 하나님께서 정말로 나를 택하셨기 때문에, 나를 세상에 빼앗기기 싫어서 그렇게 하신다는 것을 기억하십시오.

이제부터 축복하신다는 말씀의 의미

그렇다면 이제부터는 축복하신다는 말씀의 의미는 무엇입니까? "너희는 오늘부터 이전을 추억하여 보라. 9월 24일, 곧 여호와의 전 지대를 쌓던 날부터 추억하여 보라. 곡식 종자가 오히려 창고에 있느냐? 포도나무, 무화과나무, 석류나무, 감람나무에 열매가 맺지 못하였었느니라. 그러나 오늘부터는 내가 너희에게 복을 주리라"(2:18-19).

성전 지대를 놓던 날은 유다 백성들에게 최악의 날이라고 할 만했습니다. 곡식 종자까지 다 먹어 버릴 정도로 어려움이 극에 달했기 때문입니다. 포도나무, 무화과나무, 석류나무, 감람나무의 열매도 맺히지 않았는데, 농사지을 종자조차 남아 있지 않았습니다. 밑천이 있어야 뭘 해도 할 것 아닙니까? 특히 농사짓는 사람들은 아무리 형편이 어려워도 종자는 남겨 두는 법입니다. 그러나 그들은 씨를 뿌릴 종자조차 남겨 두지 못한 채, 목숨만 간신히 부지하고 있었습니다.

그런데 이렇게 어려운 상황에서도 믿음으로 성전 지대를 놓았을 때, 기적이 일어나기 시작했습니다. 일단 하나님의 허락이 떨어지면 하늘과 땅이 한꺼번에 움직이기 시작합니다. 천사들이 바쁘게 움직이기 시작하고, 세상에 있는 네트워크들이 전부 작동되기 시작합니다. 실제로 유다 백성들은 성전을 건축하는 동안 생각지도 못한 주변 나라들의 도움을 많이 받게 됩니다. 이것이 하나님의 백성들이 살아가는 원리입니다.

아기 예수를 낳았을 때 마리아는 최악의 상황에 처해 있었습니다. 마리아가 이상한 임신을 했다는 소문은 이미 온 나사렛에 퍼져 있었을 것입니다. 더구나 베들레헴에 가서 어렵게 출산을 하고 나니, 헤롯의 위협이 뒤따라왔습니다. 가난한 이 부부가 어디로 도망칠 수 있었겠습니까? 그런데 동방박사들이 바친 예물이 해결책이 되었습니다. 그들은 아마도 그 예물을 판 돈으로 애굽에서 피난생활을 할 수 있었을 것입니다.

우리는 하나님께서 어떤 방법으로 공급해 주실지 예측할 수가 없습니다. 그러니까 아예 예측하지 않는 편이 좋습니다. 동방박사들의 예물로 여비를 마련하게 될 줄 어떻게 알았겠습니까? 그러므로 우리는 장래 일을 염려하지 않기로 굳게 결심해야 합니다. 그리고 정말 중요하다고 생각하는 일부터 해 버려야 합니다. '이제

나는 머리로만 믿지 않겠다. 다시는 세상으로 돌아가지 않고 하나님이 주시는 것만으로 만족하며 살겠다. 굶더라도 성전 지대는 놓고 보겠다'고 생각할 때, 생각지도 않은 곳에서 치료의 역사가 나타나고 도움의 손길이 찾아오게 됩니다. 이것이 우리가 살아가는 원리입니다.

스룹바벨을 통해 주신 약속

지금까지 하나님께서는 성전과 유다 백성들의 신앙에 대해 말씀해 주셨습니다. 그리고 마지막에 이르러 메시아에 대한 약속을 분명히 주고 계십니다. "너는 유다 총독 스룹바벨에게 고하여 이르라. 내가 하늘과 땅을 진동시킬 것이요 열국의 보좌를 엎을 것이요 열방의 세력을 멸할 것이요 그 병거들과 그 탄 자를 엎드러뜨리리니 말과 그 탄 자가 각각 그 동무의 칼에 엎드러지리라. 나 만군의 여호와가 말하노라. 스알디엘의 아들 내 종 스룹바벨아, 나 여호와가 말하노라. 그날에 내가 너를 취하고 너로 인을 삼으리니 이는 내가 너를 택하였음이니라. 만군의 여호와의 말이니라"(2:21-23).

유다는 바벨론에서 돌아왔지만 아직 독립된 나라를 이루지 못하고 있었습니다. 스룹바벨은 페르시아가 임명한 총독으로서, 어떻게 보면 어용 총독이라고 할 수 있었습니다. 만약 그들에게 독립하려는 기미가 조금이라도 감지된다면, 페르시아가 가만두지 않을 것입니다. 그들은 종교의 자유만 겨우 누리고 있는 상태였습니다.

그런데 스룹바벨이 믿음으로 성전 지대를 놓았을 때, 하나님께서 주신 말씀이 무엇입니까? 이 세상을 둘러엎으시겠다는 것입니다. 이들의 눈에 그렇게 두렵게만 보이던 병거 탄 자들과 말 탄 자들을 다 엎드러뜨리시겠다는 것입니다.

세상의 역사에는 두 종류가 있습니다. 하나는 전쟁의 역사입니다. 전쟁에 의해 세상의 지도가 바뀌고 문화가 바뀌고 권력이 바뀝니다. 세상의 역사는 전쟁에서 승리한 자에 의해 다시 쓰이게 되어 있습니다. 그러나 그 어떤 세력도 영원할 수는 없습니다. 아무리 막강한 권력을 누리던 자라도 더 강한 자의 등장 앞에서는 무너질 수밖에 없으며, 설사 더 강한 자가 나타나지 않는다 해도 내부의 모순과 반란으로 무너지게 마련입니다. 오늘 본문은 그것을 "동무의 칼에 엎드러지리라"는 말로 표현하고 있습니다.

그러나 눈에 보이지 않는 또 하나의 역사가 있습니다. 그것은 하나님께서 자기 백성을 구원하기 위해 이루어 가시는 하나님 나라의 역사입니다. 하나님께서는 다윗의 등불이 꺼지지 않게 해 주겠다고 약속하셨습니다. 스알디엘의 아들 스룹바벨은 다윗의 후손이었습니다. 하나님께서는 그를 통해 다윗의 언약을 회복시킬 것을 약속하고 계십니다. 사실 스룹바벨은 페르시아가 임명한 총독으로서 실권이 없는 사람이었습니다. 그러나 하나님 나라의 역사에서는 페르시아 황제보다 더 존귀하게 사용하시겠다는 것입니다.

우리 눈에 보이는 것은 전쟁의 역사입니다. 그러나 진짜 세상을 움직여 가는 역사는 말씀의 역사, 성령의 역사, 교회의 역사입니다. 겉으로 보기에는 정치권력을 쥐고 있는 자가 역사를 움직여 가는 것 같지만, 그 권력은 모래성에 불과합니다. 진짜 역사를 움직이는 것은 하나님의 말씀과 구원입니다.

유다 백성들은 '막강한 힘을 가진 페르시아 제국 앞에서 우리가 짓고 있는 이 작은 성전이 무슨 의미가 있겠는가? 고레스나 아닥사스다 같은 대 페르시아의 황제들 앞에서 일개 총독에 불과한 스룹바벨이 무슨 힘이 있겠는가?' 라고 생각했을 것입니다. 그러나 하나님께서는 페르시아는 무너지고 고레스와 아닥사스다는 죽어도 하나님의 약속은 폐하여지지 않을 것이라고 말씀하시며, 스룹바벨을 인으로 삼아서 그 일을 보장하겠다고 말씀하십니다. 하나님께서는 불가능한 상황 속에서 백성들의 흩어진 마음을 수습하여 성전 지대를 놓은 스룹바벨을 인류 역사의 도장으로 삼으실 것입니다. 역사의 페이지는 스룹바벨이라는 이 도장이 찍힌 후에야 비로소 넘어갈 것입니다.

오늘 말씀에서 우리 삶에 적용해야 할 것은 무엇입니까? 하나님의 생각은 우리의 생각과 많이 다릅니다. 우리는 눈에 보이는 것이 전부인 줄 알지만, 하나님께서는 생명을 살리는 일을 더 중요하게 여기십니다. 우리는 모든 것이 처음부터 척척 맞아떨어져야 직성이 풀리지만, 하나님은 밑그림을 가지고 일하시기 때문에 처음에는 이 그림과 저 그림이 맞지 않을 수 있습니다. 그러나 나중에 보면 너무나도 놀라운 하나님 나라의 그림이 완성되어 있는 것을 보게 됩니다.

우리는 급한 마음에 주먹구구식으로 일할 때가 많습니다. 그것도 조금 시도해 보다가 잘되지 않으면 포기하고 다시 시작할 때가 많습니다. 그래서 늘 시작 단계에 머물러 있기 십상입니다. 그러나 하나님께서는 우리가 그렇게 일하기를 원치 않으십니다. 일이 풀리지 않을 때 새로운 길을 뚫어 보려고 노심초사하기보다는 조용히 기도하면서 기다리기를 원하십니다. 그러다가 길이 열리면 믿음을 가지고 그 길로 가기를 원하십니다. 처음에는 그렇게 열린

길이 나의 기도나 비전과 무슨 상관이 있는지 이해되지 않을 수도 있습니다. 그러나 다 완성되고 난 후에 보면 '아, 하나님께서 이런 밑그림을 가지고 나에게 그런 준비기간을 갖게 하시고 그런 일을 하게 하셨구나!' 라고 깨닫게 됩니다.

하나님께서는 이처럼 밑그림을 가지고 우리의 삶을 인도하시기 때문에, 불필요한 군더더기 없이 정확하게 인도하십니다. 우리는 그 밑그림을 모르는 탓에 불안해하기도 하고 당황해하기도 하며 아무거나 눈에 보이는 대로 붙잡고 싶어 하기도 합니다. 그러나 어떤 경우에도 하나님의 선하심을 믿고 이해되지 않는 길이라도 계속 따라가다 보면, 어느새 영원히 무너지지 않는 집이 눈앞에 우뚝 서 있는 것을 볼 수 있습니다.

사랑하는 성도 여러분, 하나님께서 나에 대해 선한 계획을 가지고 계심을 믿고 모든 불안을 떨쳐 버리십시오. 하나님의 축복에 좀 부족한 부분이 있더라도 '이것이 바로 사도 바울의 가시 같은 것이로구나. 나를 은혜에서 떨어지지 않도록 잡아매고 있는 끈이로구나' 생각하고 기뻐하며 감사하십시오. 지금은 이해가 되지 않더라도 하나님의 계획과 인도에 순종하며 따라가십시오. 그러면 내 삶이 영원히 빛나는 하나님의 성전으로 완성되어 있는 모습을 보게 될 것입니다.

소선지서 강해설교

학개: 그리스도인의 우선순위
What Christian Has to Do First

지은이 김서택
펴낸곳 주식회사 홍성사
펴낸이 정애주
국효숙 김의연 김준표 박혜란 손상범
송민규 오민택 임영주 차길환 허은

2004. 4. 2. 초판 발행 2014. 5. 15. 9쇄 발행
2022. 1. 14. 개정판 1쇄 인쇄 2022. 1. 24. 개정판 1쇄 발행

등록번호 제1-499호 1977. 8. 1.
주소 (04084) 서울시 마포구 양화진4길 3 **전화** 02) 333-5161 **팩스** 02) 333-5165
홈페이지 hongsungsa.com **이메일** hsbooks@hongsungsa.com
페이스북 facebook.com/hongsungsa
양화진책방 02) 333-5163

ⓒ 김서택, 2004

ISBN 978-89-365-1519-5 (03230)